CLEMENS BRENTANO

Geschichte vom braven Kasperl
und dem schönen Annerl

HERAUSGEGEBEN VON
GERHARD SCHAUB

PHILIPP RECLAM JUN. STUTTGART

Erläuterungen und Dokumente zu Brentanos *Geschichte vom braven Kasperl und dem schönen Annerl* liegen unter Nr. 8186 in Reclams Universal-Bibliothek vor.

Universal-Bibliothek Nr. 411
Alle Rechte vorbehalten
© 1990 Philipp Reclam jun. GmbH & Co., Stuttgart
Gesamtherstellung: Reclam, Ditzingen. Printed in Germany 2000
RECLAM und UNIVERSAL-BIBLIOTHEK sind eingetragene Marken
der Philipp Reclam jun. GmbH & Co., Stuttgart
ISBN 3-15-000411-X

Es war Sommers-Frühe, die Nachtigallen sangen erst seit einigen Tagen durch die Straßen, und verstummten heut in einer kühlen Nacht, welche von fernen Gewittern zu uns herwehte; der Nachtwächter rief die elfte Stunde an, da sah ich, nach Hause gehend vor der Tür eines großen Gebäudes einen Trupp von allerlei Gesellen, die vom Biere kamen, um jemand der auf den Türstufen saß, versammelt. Ihr Anteil schien mir so lebhaft, daß ich irgend ein Unglück besorgte und mich näherte.

Eine alte Bäuerin saß auf der Treppe, und so lebhaft die Gesellen sich um sie bekümmerten, so wenig ließ sie sich von den neugierigen Fragen und gutmütigen Vorschlägen derselben stören. Es hatte etwas sehr Befremdendes, ja schier Großes, wie die gute alte Frau so sehr wußte, was sie wollte, daß sie, als sei sie ganz allein in ihrem Kämmerlein, mitten unter den Leuten es sich unter freiem Himmel zur Nachtruhe bequem machte. Sie nahm ihre Schürze als ein Mäntelchen um, zog ihren großen schwarzen wachsleinenen Hut tiefer in die Augen, legte sich ihr Bündel unter den Kopf zurecht und gab auf keine Frage Antwort.

Was fehlt dieser alten Frau? fragte ich einen der Anwesenden, da kamen Antworten von allen Seiten: Sie kömmt sechs Meilen Weges vom Lande, sie kann nicht weiter, sie weiß nicht Bescheid in der Stadt, sie hat Befreundete am andern Ende der Stadt und kann nicht hinfinden. Ich wollte sie führen, sagte einer, aber es ist ein weiter Weg und ich habe meinen Hausschlüssel nicht bei mir. Auch würde sie das Haus nicht kennen, wo sie hin will. Aber hier kann die Frau nicht liegen bleiben, sagte ein Neuhinzugetretener. Sie will aber platterdings, antwortete der erste, ich habe es ihr längst gesagt: ich wolle sie nach Haus bringen, doch sie redet ganz verwirrt, ja sie muß wohl betrunken sein. – Ich glaube, sie ist blödsinnig. Aber hier kann sie doch in keinem Falle bleiben, wiederholte jener, die Nacht ist kühl und lang.

Während allem diesem Gerede war die Alte, grade als ob sie taub und blind sei, ganz ungestört mit ihrer Zubereitung fertig geworden, und da der letzte abermals sagte: Hier kann sie doch nicht bleiben, erwiderte sie, mit einer wunderlich tiefen und ernsten Stimme:

Warum soll ich nicht hier bleiben, ist dies nicht ein herzogliches Haus, ich bin achtundachtzig Jahre alt, und der Herzog wird mich gewiß nicht von seiner Schwelle treiben. Drei Söhne sind in seinem Dienst gestorben, und mein einziger Enkel hat seinen Abschied genommen; – Gott verzeiht es ihm gewiß und ich will nicht sterben, bis er in seinem ehrlichen Grab liegt.

Achtundachtzig Jahre und sechs Meilen gelaufen! sagten die Umstehenden, sie ist müd, und kindisch, in solchem Alter wird der Mensch schwach.

Mutter, Sie kann aber den Schnupfen kriegen und sehr krank werden hier, und Langeweile wird Sie auch haben, sprach nun einer der Gesellen und beugte sich näher zu ihr.

Da sprach die Alte wieder mit ihrer tiefen Stimme, halb bittend, halb befehlend:

O laßt mir meine Ruhe, und seid nicht unvernünftig; ich brauch keinen Schnupfen, ich brauche keine Langeweile; es ist ja schon spät an der Zeit, achtundachtzig bin ich alt, der Morgen wird bald anbrechen, da geh ich zu meinen Befreundeten. Wenn ein Mensch fromm ist, und hat Schicksale, und kann beten, so kann er die paar armen Stunden auch noch wohl hinbringen.

Die Leute hatten sich nach und nach verloren, und die letzten welche noch da standen eilten auch hinweg, weil der Nachtwächter durch die Straße kam und sie sich von ihm ihre Wohnungen wollten öffnen lassen. So war ich allein noch gegenwärtig. Die Straße ward ruhiger. Ich wandelte nachdenkend unter den Bäumen des vor mir liegenden freien Platzes auf und nieder; das Wesen der Bäuerin, ihr bestimmter ernster Ton, ihre Sicherheit im Leben, das sie achtundachtzigmal mit seinen Jahreszeiten hatte zurück kehren sehen, und das ihr nur wie ein Vorsaal im Bethause erschien, hatten mich mannichfach erschüttert. Was sind alle Leiden, alle Begierden meiner Brust, die Sterne gehen ewig unbekümmert ihren Weg, wozu suche ich Erquickung und Labung und von wem suche ich sie und für wen? Alles was ich hier suche und liebe und erringe, wird es mich je dahin bringen, so ruhig, wie diese gute fromme Seele, die Nacht auf der Schwelle des Hauses zubringen zu können, bis der Morgen erscheint, und werde ich dann den Freund finden, wie sie. Ach, ich werde die Stadt gar nicht erreichen, ich werde wegemüde schon in dem Sande vor dem Tore umsinken und vielleicht gar in die Hände der Räuber fallen. So sprach ich zu mir selbst und als ich durch den Lindengang mich der Alten wieder näherte, hörte ich sie halb laut mit gesenktem Kopfe vor sich hin beten. Ich war wunderbar gerührt, und trat zu ihr hin und sprach: Mit Gott, fromme Mutter, bete Sie auch ein wenig für mich! – bei welchen Worten ich ihr einen Taler in die Schürze warf.

Die Alte sagte hierauf ganz ruhig: Hab tausend Dank, mein lieber Herr, daß Du mein Gebet erhört.

Ich glaubte, sie spreche mit mir und sagte: Mutter, habt Ihr mich denn um etwas gebeten, ich wüßte nicht.

Da fuhr die Alte überrascht auf und sprach: Lieber Herr, gehe Er doch nach Haus und bete Er fein und lege Er sich schlafen. Was zieht Er so spät noch auf der Gasse herum, das ist jungen Gesellen gar nichts nütze, denn der Feind geht um, und suchet, wo er sich einen erfange. Es ist mancher durch solch Nachtlaufen verdorben; wen sucht Er, den Herrn? der ist in des Menschen Herz, so er züchtiglich lebt, und nicht auf der Gasse. Sucht Er aber den Feind, so hat Er ihn schon, gehe Er hübsch nach Haus und bete Er, daß Er ihn los werde. Gute Nacht.

Nach diesen Worten wendete sie sich ganz ruhig nach der andern Seite, und steckte den Taler in ihren Reisesack. Alles was die Alte tat machte einen eigentümlichen ernsten Eindruck auf mich, und ich sprach zu ihr: Liebe Mutter, Ihr habt wohl recht, aber Ihr selbst seid es, was mich hier hält, ich hörte Euch beten und wollte Euch ansprechen, meiner dabei zu gedenken.

Das ist schon geschehen, sagte sie, als ich Ihn so durch den Lindengang wandeln sah, bat ich Gott: er möge Euch gute Gedanken geben. Nun habe Er sie, und gehe Er fein schlafen.

Ich aber setzte mich zu ihr nieder auf die Treppe, und ergriff ihre dürre Hand und sagte: Lasset mich hier bei Euch sitzen die Nacht hindurch, und erzählet mir, woher Ihr seid, und was Ihr hier in der Stadt sucht; Ihr habt hier keine Hülfe, in Eurem Alter ist man Gott näher als den Menschen; die Welt hat sich verändert, seit Ihr jung wart. –

Daß ich nicht wüßte, erwiderte die Alte, ich hab's mein Lebetag ganz einerlei gefunden; Er ist noch zu jung, da verwundert man sich über alles, mir ist alles schon so oft wieder vorgekommen, daß ich es nur noch mit Freuden ansehe, weil es Gott so treulich damit meinet. Aber man soll keinen guten Willen von sich weisen, wenn er einem auch grade nicht not tut, sonst möchte der liebe Freund ausbleiben, wenn er ein andermal gar willkommen wäre; bleibe Er drum immer sitzen, und sehe Er was Er mir helfen kann. Ich will Ihm erzählen, was mich in die Stadt den weiten Weg hertreibt. Ich hätt es nicht gedacht, wieder hierher zu kommen. Es sind siebenzig Jahre, daß ich hier in dem Hause als Magd gedient habe, auf dessen Schwelle ich sitze, seitdem war ich nicht mehr in der Stadt, was die Zeit herumgeht? es ist als wenn man eine Hand umwendet. Wie oft habe ich hier am Abend gesessen vor siebzig Jahren und habe auf meinen Schatz gewartet, der bei der Garde stand. Hier haben wir uns auch versprochen. Wenn er hier – aber still, da kömmt die Runde vorbei.

Da hob sie an mit gemäßigter Stimme, wie etwa junge Mägde und Diener in schönen Mondnächten, vor der Tür zu singen, und ich hörte mit innigem Vergnügen folgendes schöne alte Lied von ihr:

Wann der Jüngste Tag wird werden,
Dann fallen die Sternelein auf die Erden.
Ihr Toten, ihr Toten sollt auferstehn,
Ihr sollt vor das Jüngste Gerichte gehn,
Ihr sollt treten auf die Spitzen,
Da die lieben Engelein sitzen;
Da kam der liebe Gott gezogen
Mit einem schönen Regenbogen,
Da kamen die falschen Juden gegangen,
Die führten einst unsern Herrn Christum gefangen,
Die hohen Bäum' erleuchten sehr,
Die harten Stein' zerknirschten sehr.
Wer dies Gebetlein beten kann,

Der bet's des Tages nur einmal,
Die Seele wird vor Gott bestehn,
Wann wir werden zum Himmel eingehn.

                                   Amen.

Als die Runde uns näher kam, wurde die gute Alte
gerührt; ach, sagte sie, es ist heute der sechszehnte Mai, es
ist doch alles einerlei, grade wie damals, nur haben sie
andere Mützen auf, und keine Zöpfe mehr. Tut nichts,
wenn's Herz nur gut ist! Der Offizier der Runde blieb bei
uns stehen und wollte eben fragen, was wir hier so spät zu   10
schaffen hätten, als ich den Fähnrich Graf Grossinger,
einen Bekannten in ihm erkannte. Ich sagte ihm kurz den
ganzen Handel, und er sagte, mit einer Art von Erschütte-
rung: hier haben Sie einen Taler für die Alte und eine
Rose, – die er in der Hand trug – so alte Bauersleute haben   15
Freude an Blumen. Bitten Sie die Alte, Ihnen morgen das
Lied in die Feder zu sagen, und bringen Sie mir es. Ich
habe lange nach dem Lied getrachtet, aber es nie ganz
habhaft werden können. Hiermit schieden wir, denn der
Posten der nahgelegenen Hauptwache, bis zu welcher ich   20
ihn über den Platz begleitet hatte, rief Wer da! Er sagte mir
noch, daß er die Wache am Schlosse habe, ich solle ihn
dort besuchen. Ich ging zu der Alten zurück, und gab ihr
die Rose und den Taler.

Die Rose ergriff sie mit einer rührenden Heftigkeit und   25
befestigte sie sich auf ihren Hut, indem sie mit einer etwas
feineren Stimme und fast weinend die Worte sprach:

            Rosen die Blumen auf meinem Hut,
            Hätt ich viel Geld, das wäre gut,
            Rosen und mein Liebchen.   30

Ich sagte zu ihr: Ei Mütterchen, Ihr seid ja ganz munter
geworden, und sie erwiderte:

> Munter, munter,
> Immer bunter
> Immer runder
> Oben stund er,
> Nun bergunter,
> 's ist kein Wunder!

Schau' Er, lieber Mensch, ist es nicht gut, daß ich hier
sitzen geblieben, es ist alles einerlei, glaub' Er mir; heut
sind es siebenzig Jahre, da saß ich hier vor der Türe, ich
war eine flinke Magd und sang gern alle Lieder. Da sang
ich auch das Lied vom Jüngsten Gericht wie heute, da die
Runde vorbei ging, und da warf mir ein Grenadier im
Vorübergehn eine Rose in den Schoß, – die Blätter hab
ich noch in meiner Bibel liegen – das war meine erste
Bekanntschaft mit meinem seligen Mann. Am andern
Morgen hatte ich die Rose vorgesteckt in der Kirche, und
da fand er mich, und es ward bald richtig. Drum hat es
mich gar sehr gefreut, daß mir heut wieder eine Rose
ward. Es ist ein Zeichen, daß ich zu ihm kommen soll, und
darauf freu ich mich herzlich. Vier Söhne und eine Tochter sind mir gestorben, vorgestern hat mein Enkel seinen
Abschied genommen, – Gott helfe ihm und erbarme sich
seiner! – und morgen verläßt mich eine andre gute Seele,
aber was sag ich morgen, ist es nicht schon Mitternacht
vorbei?

Es ist zwölfe vorüber, erwiderte ich, verwundert über
ihre Rede.

Gott gebe ihr Trost und Ruhe die vier Stündlein, die sie
noch hat, sagte die Alte und ward still, indem sie die
Hände faltete. Ich konnte nicht sprechen, so erschütterten

mich ihre Worte und ihr ganzes Wesen. Da sie aber ganz stille blieb und der Taler des Offiziers noch in ihrer Schürze lag, sagte ich zu ihr: Mutter, steckt den Taler zu Euch, Ihr könntet ihn verlieren.

Den wollen wir nicht weglegen, den wollen wir meiner Befreundeten schenken in ihrer letzten Not! erwiderte sie, den ersten Taler nehm ich morgen wieder mit nach Haus, der gehört meinem Enkel, der soll ihn genießen. Ja seht, es ist immer ein herrlicher Junge gewesen, und hielt etwas auf seinen Leib und auf seine Seele – ach Gott, auf seine Seele! – ich habe gebetet den ganzen Weg, es ist nicht möglich, der liebe Herr läßt ihn gewiß nicht verderben. Unter allen Burschen war er immer der reinlichste und fleißigste in der Schule, aber auf die Ehre war er vor allem ganz erstaunlich. Sein Lieutenant hat auch immer gesprochen: wenn meine Schwadron Ehre im Leibe hat, so sitzt sie bei dem Finkel im Quartier. Er war unter den Ulanen. Als er zum erstenmal aus Frankreich zurück kam, erzählte er allerlei schöne Geschichten, aber immer war von der Ehre dabei die Rede. Sein Vater und sein Stiefbruder waren bei dem Landsturm und kamen oft mit ihm wegen der Ehre in Streit, denn was er zuviel hatte, hatten sie nicht genug. Gott verzeih' mir meine schwere Sünde, ich will nicht schlecht von ihnen reden, jeder hat sein Bündel zu tragen: aber meine selige Tochter: s e i n e Mutter, hat sich zu Tode gearbeitet bei dem Faulpelz, sie konnte nicht erschwingen, seine Schulden zu tilgen. Der Ulan erzählte von den Franzosen, und als der Vater und Stiefbruder sie ganz schlecht machen wollten, sagte der Ulan: Vater, das versteht Ihr nicht, sie haben doch viel Ehre im Leibe! da ward der Stiefbruder tückisch und sagte: wie kannst du deinem Vater so viel von der Ehre vorschwatzen? war er doch Unteroffizier im N . . . schen Regiment, und muß es besser als du verstehn, der nur Gemeiner ist. Ja, sagte da der alte Finkel, der nun auch rebellisch ward, das war ich und habe manchen vorlauten Burschen fünfundzwanzig aufgezählt; hätte ich nur Franzosen in der Compagnie gehabt, die sollten sie noch besser gefühlt haben, mit ihrer Ehre. Die Rede tat dem Ulanen gar weh und er sagte: ich will ein Stückchen von einem französischen Unteroffizier erzählen, das gefällt mir besser. Unterm vorigen König sollten auf einmal die Prügel bei der französischen Armee eingeführt werden. Der Befehl des Kriegsministers wurde zu Straßburg bei einer großen Parade bekannt gemacht, und die Truppen hörten in Reih und Glied die Bekanntmachung mit stillem Grimm an. Da aber noch am Schluß der Parade ein Gemeiner einen Exzeß machte, wurde sein Unteroffizier vorkommandiert, ihm zwölf Hiebe zu geben. Es wurde ihm mit Strenge befohlen, und er mußte es tun. Als er aber fertig war, nahm er das Gewehr des Mannes, den er geschlagen hatte, stellte es vor sich an die Erde, und drückte mit dem Fuße los, daß ihm die Kugel durch den Kopf fuhr und er tot niedersank. Das wurde an den König berichtet, und der Befehl, Prügel zu geben, ward gleich zurück genommen; seht Vater, das war ein Kerl der Ehre im Leib hatte! Ein Narr war es, sprach der Bruder, – freß deine Ehre, wenn du Hunger hast! brummte der Vater. Da nahm mein Enkel seinen Säbel und ging aus dem Haus und kam zu mir in mein Häuschen, und erzählte mir alles und weinte die bittern Tränen. Ich konnte ihm nicht helfen; die Geschichte, die er mir auch erzählte, konnte ich zwar nicht ganz verwerfen, aber ich sagte ihm doch immer zuletzt: Gib Gott allein die Ehre! Ich gab ihm noch den Segen, denn sein Urlaub war am andern Tage aus, und er wollte noch eine Meile umreiten nach dem Orte, wo ein Patgen von mir auf dem Edelhof diente, auf die er gar viel hielt, er wollte einmal mit ihr hausen; – sie werden auch wohl bald zusammen kommen, wenn Gott mein Gebet erhört. Er hat seinen Abschied schon genommen, mein Patgen wird ihn heut erhalten, und die Aussteuer hab ich auch schon beisammen, es soll auf der Hochzeit weiter niemand sein als ich. Da ward die Alte wieder still und schien zu beten. Ich war in allerlei Gedanken über die Ehre, und ob ein Christ den Tod des Unteroffiziers schön finden dürfe? Ich wollte: es sagte mir einmal einer etwas Hinreichendes darüber.

Als der Wächter ein Uhr anrief, sagte die Alte: nun habe ich noch zwei Stunden; ei, ist Er noch da, warum geht Er nicht schlafen, Er wird morgen nicht arbeiten können, und mit Seinem Meister Händel kriegen, von welchem Handwerk ist Er denn, mein guter Mensch?

Da wußte ich nicht recht, wie ich es ihr deutlich machen sollte, daß ich ein Schriftsteller sei. Ich bin ein Gestudierter durfte ich nicht sagen, ohne zu lügen. Es ist wunderbar, daß ein Deutscher immer sich ein wenig schämt, zu sagen: er sei ein Schriftsteller; zu Leuten aus den untern Ständen sagt man es am ungernsten, weil diesen gar leicht die Schriftgelehrten und Pharisäer aus der Bibel dabei einfallen. Der Name Schriftsteller ist nicht so eingebürgert bei uns, wie das *homme de lettres* bei den Franzosen, welche überhaupt als Schriftsteller zünftig sind, und in ihren Arbeiten mehr hergebrachtes Gesetz haben, ja bei denen man auch fragt: *où avez vous fait votre Philosophie*, wo haben Sie Ihre Philosophie gemacht? wie denn ein Franzose selbst viel mehr von einem gemachten Manne hat. Doch diese nicht deutsche Sitte ist es nicht allein, welche das Wort Schriftsteller so schwer auf der Zunge macht, wenn man am Tore um seinen Charakter gefragt wird, sondern eine gewisse innere Scham hält uns zurück, ein Gefühl, welches jeden befällt, der mit freien und geistigen Gütern, mit unmittelbaren Geschenken des Himmels Handel treibt. Gelehrte brauchen sich weniger zu schämen als Dichter, denn sie haben gewöhnlich Lehrgeld gegeben, sind meist in Ämtern des Staats, spalten an groben Klötzen, oder arbeiten in Schachten, wo viel wilde Wasser auszupumpen sind. Aber ein sogenannter Dichter ist am übelsten daran, weil er meistens aus dem Schulgarten nach dem Parnaß entlaufen, und es ist auch wirklich ein verdächtiges Ding um einen Dichter von Profession, der es nicht nur nebenher ist. Man kann sehr leicht zu ihm sagen: mein Herr, ein jeder Mensch hat, wie Hirn, Herz, Magen, Milz, Leber und dergleichen, auch eine Poesie im Leibe, wer aber eines dieser Glieder überfüttert, verfüttert, oder mästet, und es über alle andre hinüber treibt, ja es gar zum Erwerbzweig macht, der muß sich schämen vor seinem ganzen übrigen Menschen. Einer der von der Poesie lebt, hat das Gleichgewicht verloren, und eine übergroße Gänseleber, sie mag noch so gut schmecken, setzt doch immer eine kranke Gans voraus. Alle Menschen, welche ihr Brot nicht im Schweiß ihres Angesichts verdienen, müssen sich einigermaßen schämen, und das fühlt einer, der noch nicht ganz in der Tinte war, wenn er sagen soll, er sei ein Schriftsteller. So dachte ich allerlei, und besann mich, was ich der Alten sagen sollte, welche über mein Zögern verwundert, mich anschaute und sprach:

Welch ein Handwerk Er treibt? frage ich, warum will Er mir's nicht sagen, treibt Er kein ehrlich Handwerk, so greif' Er's noch an, es hat einen goldnen Boden. Er ist doch nicht etwa gar ein Henker oder Spion, der mich ausholen will, meinethalben sei Er wer Er will, sag' Er's wer Er ist! Wenn Er bei Tage so hier säße, würde ich glauben, Er sei ein Lehnerich, so ein Tagedieb, der sich an die Häuser lehnt, damit Er nicht umfällt vor Faulheit.

Da fiel mir ein Wort ein, das mir vielleicht eine Brücke zu ihrem Verständnis schlagen könnte: Liebe Mutter, sagte ich, ich bin ein Schreiber. Nun, sagte sie, das hätte Er gleich sagen sollen, Er ist also ein Mann von der Feder, dazu gehören feine Köpfe und schnelle Finger, und ein gutes Herz, sonst wird einem drauf geklopft. Ein Schreiber ist Er? kann Er mir dann wohl eine Bittschrift aufsetzen an den Herzog, die aber gewiß erhört wird, und nicht bei den vielen andern liegen bleibt?

Eine Bittschrift, liebe Mutter, sprach ich, kann ich Ihr wohl aufsetzen, und ich will mir alle Mühe geben, daß sie recht eindringlich abgefaßt sein soll.

Nun das ist brav von Ihm, erwiderte sie, Gott lohn' es Ihm, und lasse Ihn älter werden, als mich, und gebe Ihm auch in seinem Alter einen so geruhigen Mut und eine so schöne Nacht mit Rosen und Talern, wie mir, und auch einen Freund, der Ihm eine Bittschrift macht, wenn es Ihm not tut. Aber jetzt gehe Er nach Haus, lieber Freund, und kaufe Er sich einen Bogen Papier und schreibe Er die Bittschrift; ich will hier auf Ihn warten, noch eine Stunde, dann gehe ich zu meiner Pate, Er kann mitgehen, sie wird sich auch freuen an der Bittschrift. Sie hat gewiß ein gut Herz, aber Gottes Gerichte sind wunderbar.

Nach diesen Worten ward die Alte wieder still, senkte den Kopf und schien zu beten. Der Taler lag noch auf ihrem Schoß. Sie weinte. Liebe Mutter, was fehlet Euch, was tut Euch so weh, Ihr weinet, sprach ich.

Nun warum soll ich denn nicht weinen, ich weine auf den Taler, ich weine auf die Bittschrift, auf alles weine ich. Aber es hilft nichts, es ist doch alles viel, viel besser auf Erden, als wir Menschen es verdienen, und gallenbittre

Tränen sind noch viel zu süße. Sehe Er nur einmal das goldne Kamel da drüben, an der Apotheke, wie doch Gott alles so herrlich und wunderbar geschaffen hat, aber der Mensch erkennt es nicht, und ein solch Kamel geht eher durch ein Nadelöhr, als ein Reicher in das Himmelreich. – Aber was sitzt Er denn immer da, gehe Er den Bogen Papier zu kaufen, und bringe Er mir die Bittschrift.

Liebe Mutter, sagte ich, wie kann ich Euch die Bittschrift machen, wenn Ihr mir nicht sagt, was ich hinein schreiben soll.

Das muß ich Ihm sagen? erwiderte sie, dann ist es freilich keine Kunst, und wundre ich mich nicht mehr, daß Er sich einen Schreiber zu nennen schämte, wenn man Ihm alles sagen soll. Nun, ich will mein Mögliches tun. Setz' Er in die Bittschrift, daß zwei Liebende bei einander ruhen sollen und daß sie einen nicht auf die Anatomie bringen sollen, damit man seine Glieder beisammen hat, wenn es heißt: ihr Toten, ihr Toten sollt auferstehn, ihr sollt vor das Jüngste Gerichte gehn. Da fing sie wieder bitterlich an zu weinen.

Ich ahnete ein schweres Leid müsse auf ihr lasten, aber sie fühle bei der Bürde ihrer Jahre nur in einzelnen Momenten sich schmerzlich gerührt. Sie weinte ohne zu klagen, ihre Worte waren immer gleich ruhig und kalt. Ich bat sie nochmals mir die ganze Veranlassung zu ihrer Reise in die Stadt zu erzählen, und sie sprach:

Mein Enkel, der Ulan, von dem ich Ihm erzählte, hatte doch mein Patgen sehr lieb, wie ich Ihm vorher sagte, und sprach der schönen Annerl, wie die Leute sie ihres glatten Spiegels wegen nannten, immer von der Ehre vor, und sagte ihr immer sie solle auf ihre Ehre halten, und auch auf seine Ehre. Da kriegte dann das Mädchen etwas ganz Apartes in ihr Gesicht und ihre Kleidung von der Ehre, sie war feiner und manierlicher, als alle andere Dirnen. Alles saß ihr knapper am Leibe und wenn sie ein Bursche einmal ein wenig derb beim Tanze anfaßte oder sie etwa höher als den Steg der Baßgeige schwang, so konnte sie bitterlich darüber bei mir weinen, und sprach dabei immer: es sei wider ihre Ehre. Ach, das Annerl ist ein eignes Mädchen immer gewesen, manchmal, wenn kein Mensch es sich versah, fuhr sie mit beiden Händen nach ihrer Schürze und riß sie sich vom Leibe, als ob Feuer drin sei, und dann fing sie gleich entsetzlich an zu weinen; aber das hat seine Ursache, es hat sie mit Zähnen hingerissen, der Feind ruht nicht. Wäre das Kind nur nicht stets so hinter der Ehre her gewesen, und hätte sich lieber an unsren lieben Gott gehalten, hätte ihn nie von sich gelassen, in aller Not, und hätte seinetwillen Schande und Verachtung ertragen, statt ihrer Menschenehre. Der Herr hätte sich gewiß erbarmt, und wird es auch noch, ach, sie kommen gewiß zusammen, Gottes Wille geschehe!

Der Ulan stand wieder in Frankreich, er hatte lange nicht geschrieben, und wir glaubten ihn fast tot und weinten oft um ihn. Er war aber im Hospital an einer schweren Blessur krank gelegen und als er wieder zu seinen Kameraden kam, und zum Unteroffizier ernannt wurde, fiel ihm ein, daß ihm vor zwei Jahren sein Stiefbruder so übers Maul gefahren: er sei nur Gemeiner und der Vater Korporal, und dann die Geschichte von dem französischen Unteroffizier und wie er seinem Annerl von der Ehre so viel geredet, als er Abschied genommen. Da verlor er seine Ruhe und kriegte das Heimweh und sagte zu seinem Rittmeister, der ihn um sein Leid fragte: ach, Herr Rittmeister, es ist als ob es mich mit den Zähnen nach Hause zöge. Da ließen sie ihn heimreiten mit seinem Pferd, denn alle seine Offiziere trauten ihm. Er kriegte auf drei Monate

Urlaub und sollte mit der Remonte wieder zurück kommen. Er eilte so sehr er konnte, ohne seinem Pferde wehe zu tun, welches er besser pflegte, als jemals, weil es ihm war anvertraut worden. An einem Tage trieb es ihn ganz
5 entsetzlich nach Hause zu eilen, es war der Tag vor dem Sterbetage seiner Mutter, und es war ihm immer als laufe sie vor seinem Pferde her, und riefe: Kasper, tue mir eine Ehre an! Ach, ich saß an diesem Tage auf ihrem Grabe ganz allein, und dachte auch, wenn Kasper doch bei mir
10 wäre, ich hatte Blümelein Vergiß nicht mein in einen Kranz gebunden und an das eingesunkene Kreuz gehängt, und maß mir den Platz umher aus, und dachte: hier will ich liegen, und da soll Kasper liegen, wenn ihm Gott sein Grab in der Heimat schenkt, daß wir fein beisammen
15 sind, wenn's heißt: Ihr Toten, ihr Toten sollt auferstehn, ihr sollt zum Jüngsten Gerichte gehn! Aber Kasper kam nicht, ich wußte auch nicht, daß er so nahe war und wohl hätte kommen können. Es trieb ihn auch gar sehr zu eilen, denn er hatte wohl oft an diesen Tag in Frankreich ge-
20 dacht, und hatte einen kleinen Kranz von schönen Goldblumen von daher mitgebracht, um das Grab seiner Mutter zu schmücken, und auch einen Kranz für Annerl, den sollte sie sich bis zu ihrem Ehrentage bewahren. –

Hier ward die Alte still und schüttelte mit dem Kopf; als
25 ich aber die letzten Worte wiederholte: den sollte sie sich bis zu ihrem Ehrentag bewahren, – fuhr sie fort: wer weiß, ob ich es nicht erflehen kann, ach, wenn ich den Herzog nur wecken dürfte! – Wozu, fragte ich, welch Anliegen habt Ihr denn, Mutter? da sagte sie ernst: O, was läge am
30 ganzen Leben, wenn's kein End nähme, was läge am Leben, wenn es nicht ewig wäre! und fuhr dann in ihrer Erzählung fort.

Kasper wäre noch recht gut zu Mittag in unserm Dorfe angekommen, aber morgens hatte ihm sein Wirt im Stalle gezeigt, daß sein Pferd gedrückt sei, und dabei gesagt: mein Freund, das macht dem Reiter keine Ehre. Das Wort hatte Kasper tief empfunden, er legte deswegen den Sattel hohl und leicht auf, tat alles, ihm die Wunde zu heilen, und setzte seine Reise, das Pferd am Zügel führend, zu Fuße fort. So kam er am späten Abend bis an eine Mühle, eine Meile von unserm Dorf, und weil er den Müller als einen alten Freund seines Vaters kannte, sprach er bei ihm ein, und wurde wie ein recht lieber Gast aus der Fremde empfangen. Kasper zog sein Pferd in den Stall, legte den Sattel und sein Felleisen in einen Winkel, und ging nun zu dem Müller in die Stube. Da fragte er dann nach den Seinigen, und hörte, daß ich alte Großmutter noch lebe, und daß sein Vater und sein Stiefbruder gesund seien und daß es recht gut mit ihnen gehe; sie wären erst gestern mit Getreide auf der Mühle gewesen, sein Vater habe sich auf den Roß- und Ochsenhandel gelegt und gedeihe dabei recht gut, auch halte er jetzt etwas auf seine Ehre, und gehe nicht mehr so zerrissen umher. Darüber war der gute Kasper nun herzlich froh, und da er nach der schönen Annerl fragte, sagte ihm der Müller: er kenne sie nicht, aber wenn es die sei, die auf dem Rosenhof gedient habe, die hätte sich, wie er gehört, in der Hauptstadt vermietet, weil sie da eher etwas lernen könne und mehr Ehre dabei sei; so habe er vor einem Jahre von dem Knecht auf dem Rosenhof gehört. Das freute den Kasper auch; wenn es ihm gleich leid tat, daß er sie nicht gleich sehen sollte, so hoffte er sie doch in der Hauptstadt bald recht fein und schmuck zu finden, daß es ihm, als einem Unteroffizier, auch eine rechte Ehre sei, mit ihr am Sonntag spazieren zu gehn. Nun erzählte er dem Müller noch mancherlei aus Frankreich, sie aßen und tranken mit einander, er half ihm Korn aufschütten, und dann brachte ihn der Müller in die

Oberstube zu Bett, und legte sich selbst unten auf einigen Säcken zur Ruhe. Das Geklapper der Mühle und die Sehnsucht nach der Heimat ließen den guten Kasper, wenn er gleich sehr müde war, nicht fest einschlafen. Er war sehr unruhig und dachte an seine selige Mutter und an das schöne Annerl, und an die Ehre, die ihm bevorstehe, wenn er als Unteroffizier vor die Seinigen treten würde. So entschlummerte er endlich leis und wurde von ängstlichen Träumen oft aufgeschreckt, es war ihm mehrmals: als trete seine selige Mutter zu ihm und bäte ihn händeringend um Hülfe, dann war es ihm, als sei er gestorben und würde begraben, gehe aber selbst zu Fuße als Toter mit zu Grabe, und schön Annerl gehe ihm zur Seite; er weine heftig, daß ihn seine Kameraden nicht begleiteten, und da er auf den Kirchhof komme, sei sein Grab neben dem seiner Mutter; und Annerls Grab sei auch dabei, und er gebe Annerl das Kränzlein, das er ihr mitgebracht und hänge das der Mutter an ihr Grab, und dann habe er sich umgeschaut und niemand mehr gesehen als mich, und die Annerl die habe einer an der Schürze ins Grab gerissen, und er sei dann auch ins Grab gestiegen, und habe gesagt: Ist denn niemand hier, der mir die letzte Ehre antut, und mir ins Grab schießen will als einem braven Soldaten, und da habe er sein Pistol gezogen und sich selbst ins Grab geschossen. Über dem Schuß wachte er mit großem Schrecken auf, denn es war ihm als klirrten die Fenster davon, er sah um sich in der Stube, da hörte er noch einen Schuß fallen, und hörte Getöse in der Mühle und Geschrei durch das Geklapper. Er sprang aus dem Bett, und griff nach seinem Säbel; in dem Augenblick ging seine Türe auf, und er sah beim Vollmondschein zwei Männer mit berußten Gesichtern mit Knitteln auf sich zustürzen, aber er setzte sich zur Wehre, und hieb den einen über den

19

Arm, und so entflohen beide, indem sie die Türe, welche nach außen aufging und einen Riegel draußen hatte, hinter sich verriegelten. Kasper versuchte umsonst ihnen nachzukommen, endlich gelang es ihm, eine Tafel in der Türe einzutreten. Er eilte durch das Loch die Treppe hinunter, und hörte das Wehgeschrei des Müllers, den er geknebelt zwischen den Kornsäcken liegend fand. Kasper band ihn los, und eilte dann gleich in den Stall, nach seinem Pferde und Felleisen, aber beides war geraubt. Mit großem Jammer eilte er in die Mühle zurück und klagte dem Müller sein Unglück, daß ihm all sein Hab und Gut, und das ihm anvertraute Pferd gestohlen sei, über welches letztere er sich gar nicht zufrieden geben konnte. Der Müller aber stand mit einem vollen Geldsack vor ihm, er hatte ihn in der Oberstube aus dem Schranke geholt und sagte zu dem Ulan: Lieber Kasper, sei Er zufrieden, ich verdanke Ihm die Rettung meines Vermögens, auf diesen Sack der oben in Seiner Stube lag, hatten es die Räuber gemünzt, und Seiner Verteidigung danke ich alles, mir ist nichts gestohlen, die Sein Pferd und Sein Felleisen im Stall fanden, müssen ausgestellte Diebeswachen gewesen sein, sie zeigten durch die Schüsse an, daß Gefahr da sei, weil sie wahrscheinlich am Sattelzeug erkannten, daß ein Kavallerist im Hause herberge. Nun soll Er meinethalben keine Not haben, ich will mir alle Mühe geben und kein Geld sparen, Ihm Seinen Gaul wieder zu finden, und finde ich ihn nicht, so will ich Ihm einen kaufen, so teuer er sein mag. Kasper sagte: geschenkt nehme ich nichts, das ist gegen meine Ehre, aber wenn Er mir im Notfall siebzig Taler vorschießen will, so kriegt Er meine Verschreibung, ich schaffe sie in zwei Jahren wieder. Hierüber wurden sie einig, und der Ulan trennte sich von ihm, um nach seinem Dorfe zu eilen, wo auch ein Gerichtshalter der umliegenden Edelleute wohnt, bei dem er die Sache berichten wollte. Der Müller blieb zurück, um seine Frau und seinen Sohn zu erwarten, welche auf einem Dorfe in der Nähe bei einer Hochzeit waren. Dann wollte er dem Ulanen nachkommen, und die Anzeige vor Gericht auch machen.

Er kann sich denken, lieber Herr Schreiber, mit welcher Betrübnis der arme Kasper den Weg nach unserm Dorfe eilte, zu Fuß und arm, wo er hatte stolz einreiten wollen; einundfunfzig Taler, die er erbeutet hatte, sein Patent als Unteroffizier, sein Urlaub, und die Kränze auf seiner Mutter Grab und für die schöne Annerl waren ihm gestohlen. Es war ihm ganz verzweifelt zu Mute, und so kam er um ein Uhr in der Nacht in seiner Heimat an, und pochte gleich an der Türe des Gerichtshalters, dessen Haus das erste vor dem Dorfe ist. Er ward eingelassen und machte seine Anzeige und gab alles an, was ihm geraubt worden war. Der Gerichtshalter trug ihm auf, er solle gleich zu seinem Vater gehn, welches der einzige Bauer im Dorfe sei, der Pferde habe, und solle mit diesem und seinem Bruder in der Gegend herum patrouillieren, ob er vielleicht den Räubern auf die Spur komme, indessen wolle er andre Leute zu Fuß aussenden, und den Müller, wenn er komme, um die weiteren Umstände vernehmen. Kasper ging nun von dem Gerichtshalter weg, nach dem väterlichen Hause; da er aber an meiner Hütte vorüber mußte, und durch das Fenster hörte: daß ich ein geistliches Lied sang, wie ich denn vor Gedanken an seine selige Mutter nicht schlafen konnte, so pochte er an und sagte: Gelobt sei Jesus Christus, liebe Großmutter, Kasper ist hier. Ach! wie fuhren mir die Worte durch Mark und Bein, ich stürzte an das Fenster, öffnete es und küßte und drückte ihn mit unendlichen Tränen. Er erzählte mir sein

Unglück mit großer Eile und sagte, welchen Auftrag er an seinen Vater vom Gerichtshalter habe, er müsse drum jetzt gleich hin, um den Dieben nachzusetzen, denn seine Ehre hänge davon ab, daß er sein Pferd wieder erhalte.

Ich weiß nicht, aber das Wort Ehre fuhr mir recht durch alle Glieder, denn ich wußte schwere Gerichte, die ihm bevorstanden. Tue deine Pflicht, und gib Gott allein die Ehre, sagte ich; und er eilte von mir nach Finkels Hof, der am andern Ende des Dorfs liegt. Ich sank als er fort war, auf die Knie, und betete zu Gott, er möge ihn doch in seinen Schutz nehmen, ach, ich betete mit einer Angst wie niemals, und mußte dabei immer sagen: Herr, Dein Wille geschehe wie im Himmel so auf Erden.

Der Kasper lief zu seinem Vater mit einer entsetzlichen Angst. Er stieg hinten über den Gartenzaun, er hörte die Plumpe gehen, er hörte im Stall wiehern, das fuhr ihm durch die Seele; er stand still, er sah im Mondschein, daß zwei Männer sich wuschen, es wollte ihm das Herz brechen; der eine sprach: das verfluchte Zeug geht nicht herunter, da sagte der andre: komm erst in den Stall, dem Gaul den Schwanz abzuschlagen und die Mähnen zu verschneiden. Hast du das Felleisen auch tief genug unterm Mist begraben? Ja, sagte der andre. Da gingen sie nach dem Stall, und Kasper, vor Jammer wie ein Rasender, sprang hervor und schloß die Stalltüre hinter ihnen und schrie: Im Namen des Herzogs! ergebt euch, wer sich widersetzt, den schieße ich nieder! Ach, da hatte er seinen Vater und seinen Stiefbruder als die Räuber seines Pferdes gefangen. Meine Ehre, meine Ehre ist verloren! schrie er, ich bin der Sohn eines ehrlosen Diebes. Als die beiden im Stall diese Worte hörten, ist ihnen bös zu Mute geworden, sie schrien: Kasper, lieber Kasper um Gottes willen, bringe uns nicht ins Elend, Kasper du sollst ja alles wieder haben, um deiner seligen Mutter willen, deren Sterbetag heute ist, erbarme dich deines Vaters und Bruders. Kasper aber war wie verzweifelt, er schrie nur immer, meine Ehre, meine Pflicht! und da sie nun mit Gewalt die Türe erbrechen wollten, und ein Fach in der Lehmwand einstoßen, um zu entkommen; schoß er ein Pistol in die Luft, und schrie: Hülfe, Hülfe, Diebe, Hülfe! Die Bauern, von dem Gerichtshalter erweckt, welche schon heran nahten, um sich über die verschiedenen Wege zu bereden, auf denen sie die Einbrecher in die Mühle verfolgen wollten, stürzten auf den Schuß und das Geschrei ins Haus. Der alte Finkel flehte immer noch, der Sohn solle ihm die Türe öffnen, der aber sagte: ich bin ein Soldat und muß der Gerechtigkeit dienen. Da traten der Gerichtshalter und die Bauern heran. Kasper sagte: um Gottes Barmherzigkeit willen, Herr Gerichtshalter, mein Vater, mein Bruder sind selbst die Diebe, o daß ich nie geboren wäre! hier im Stalle habe ich sie gefangen, mein Felleisen liegt im Miste vergraben. Da sprangen die Bauern in den Stall und banden den alten Finkel und seinen Sohn und schleppten sie in ihre Stube. Kasper aber grub das Felleisen hervor und nahm die zwei Kränze heraus, und ging nicht in die Stube, er ging nach dem Kirchhofe an das Grab seiner Mutter. Der Tag war angebrochen; ich war auf der Wiese gewesen, und hatte für mich und für Kasper zwei Kränze von Blümelein Vergiß nicht mein geflochten, ich dachte: er soll mit mir das Grab seiner Mutter schmucken, wenn er von seinem Ritt zurück kommt. Da hörte ich allerlei ungewohnten Lärm im Dorf, und weil ich das Getümmel nicht mag, und am liebsten alleine bin, so ging ich ums Dorf herum nach dem Kirchhof. Da fiel ein Schuß, ich sah den Dampf in die Höhe steigen, ich eilte auf den Kirchhof, o du lieber Heiland! erbarme dich sein. Kasper lag tot auf dem Grabe seiner Mutter, er hatte sich die Kugel durch das Herz geschossen, auf welches er sich das Kränzlein, das er für schön Annerl mitgebracht, am Knopfe befestigt hatte, durch diesen Kranz hatte er sich ins Herz geschossen. Den Kranz für die Mutter hatte er schon an das Kreuz befestigt. Ich meinte die Erde täte sich unter mir auf bei dem Anblick, ich stürzte über ihn hin und schrie immer: Kasper, o du unglückseliger Mensch, was hast du getan? ach, wer hat dir denn dein Elend erzählt, o warum habe ich dich von mir gelassen, ehe ich dir alles gesagt, Gott, was wird dein armer Vater, dein Bruder sagen, wenn sie dich so finden. Ich wußte nicht, daß er sich wegen diesen das Leid angetan, ich glaubte es habe eine ganz andere Ursache. Da kam es noch ärger; der Gerichtshalter und die Bauern brachten den alten Finkel und seinen Sohn mit Stricken gebunden, der Jammer erstickte mir die Stimme in der Kehle, ich konnte kein Wort sprechen; der Gerichtshalter fragte mich, ob ich meinen Enkel nicht gesehn? ich zeigte hin, wo er lag, er trat zu ihm, er glaubte, er weine auf dem Grabe, er schüttelte ihn, da sah er das Blut niederstürzen. Jesus, Marie! rief er aus, der Kasper hat Hand an sich gelegt. Da sahen die beiden Gefangenen sich schrecklich an; man nahm den Leib des Kaspers und trug ihn neben ihnen her nach dem Hause des Gerichtshalters, es war ein Wehgeschrei im ganzen Dorfe, die Bauerweiber führten mich nach. Ach, das war wohl der schrecklichste Weg in meinem Leben!

Da ward die Alte wieder still und ich sagte zu ihr: Liebe Mutter, Euer Leid ist entsetzlich, aber Gott hat Euch auch recht lieb; die er am härtesten schlägt, sind seine liebsten Kinder. Sagt mir nun, liebe Mutter, was Euch bewogen hat, den weiten Weg hieher zu gehen, und um was Ihr die Bittschrift einreichen wollt?

Ei, das kann Er sich doch wohl denken, fuhr sie ganz ruhig fort, um ein ehrliches Grab für Kasper und die schöne Annerl, der ich das Kränzlein zu ihrem Ehrentag mitbringe, es ist ganz mit Kaspers Blut unterlaufen, seh' Er einmal.

Da zog sie einen kleinen Kranz von Flittergold aus ihrem Bündel und zeigte ihn mir; ich konnte bei dem anbrechenden Tage sehen, daß er vom Pulver geschwärzt und mit Blut besprengt war. Ich war ganz zerrissen von dem Unglück der guten Alten, und die Größe und Festigkeit, womit sie es trug, erfüllte mich mit Verehrung. Ach, liebe Mutter, sagte ich: wie werdet Ihr der armen Annerl aber ihr Elend beibringen, daß sie gleich nicht vor Schrekken tot niedersinkt, und was ist denn das für ein Ehrentag, zu welchem Ihr dem Annerl den traurigen Kranz bringet.

Lieber Mensch, sprach sie, komme Er nur mit, Er kann mich zu ihr begleiten, ich kann doch nicht geschwind fort, so werden wir sie gerade zu rechter Zeit noch finden. Ich will Ihm unterwegs noch alles erzählen.

Nun stand sie auf, und betete ihren Morgensegen ganz ruhig, und brachte ihre Kleider in Ordnung, und ihren Bündel hängte sie dann an meinen Arm; es war zwei Uhr des Morgens, der Tag graute und wir wandelten durch die stillen Gassen.

Seh' Er, erzählte die Alte fort, als der Finkel und sein Sohn eingesperrt waren, mußte ich zum Gerichtshalter auf die Gerichtsstube; der tote Kasper wurde auf einen Tisch gelegt und mit seinem Ulanenmantel bedeckt herein getragen, und nun mußte ich alles dem Gerichtshalter sagen, was ich von ihm wußte und was er mir heute morgen durch das Fenster gesagt hatte. Das schrieb er alles auf sein Papier nieder, das vor ihm lag; dann sah er die Schreibtafel durch, die sie bei Kasper gefunden; da stan-

den mancherlei Rechnungen drin, einige Geschichten von
der Ehre und auch die von dem französischen Unteroffi
zier, und hinter ihr war mit Bleistift etwas geschrieben
Da gab mir die Alte die Brieftasche, und ich las folgend
letzte Worte des unglücklichen Kaspers: Auch ich kan
meine Schande nicht überleben; mein Vater und mei
Bruder sind Diebe, sie haben mich selbst bestohlen; mei
Herz brach mir, aber ich mußte sie gefangen nehmen und
den Gerichten übergeben, denn ich bin ein Soldat meine
Fürsten, und meine Ehre erlaubt mir keine Schonung. Ich
habe meinen Vater und Bruder der Rache übergeben um
der Ehre willen; ach! bitte doch jedermann für mich, daß
man mir hier, wo ich gefallen bin, ein ehrliches Grab
neben meiner Mutter vergönne. Das Kränzlein, durch
welches ich mich erschossen, soll die Großmutter der
schönen Annerl schicken und sie von mir grüßen, ach! sie
tut mir leid durch Mark und Bein, aber sie soll doch den
Sohn eines Diebes nicht heiraten, denn sie hat immer viel
auf Ehre gehalten. Liebe schöne Annerl, mögest du nicht
so sehr erschrecken über mich, gib dich zufrieden, und
wenn du mir jemals ein wenig gut warst, so rede nicht
schlecht von mir. Ich kann ja nichts für meine Schande!
Ich hatte mir so viele Mühe gegeben: in Ehren zu bleiben
mein Leben lang, ich war schon Unteroffizier und hatte
den besten Ruf bei der Schwadron, ich wäre gewiß noch
einmal Offizier geworden, und Annerl, dich hätte ich
doch nicht verlassen, und hätte keine Vornehmere gefreit
– aber der Sohn eines Diebes, der seinen Vater aus Ehre
selbst fangen und richten lassen muß, kann seine Schande
nicht überleben. Annerl, liebes Annerl, nimm doch ja das
Kränzlein, ich bin dir immer treu gewesen, so Gott mir
gnädig sei! Ich gebe dir nun deine Freiheit wieder, aber tue
mir die Ehre, und heirate nie einen, der schlechter wäre,

als ich; und wenn du kannst, so bitte für mich: daß ich ein ehrliches Grab neben meiner Mutter erhalte, und wenn du hier in unserm Ort sterben solltest, so lasse dich auch bei uns begraben; die gute Großmutter wird auch zu uns kommen, da sind wir alle beisammen. Ich habe funfzig Taler in meinem Felleisen, die sollen auf Interessen gelegt werden für dein erstes Kind. Meine silberne Uhr soll der Herr Pfarrer haben, wenn ich ehrlich begraben werde. Mein Pferd, die Uniform und Waffen gehören dem Herzog, diese meine Brieftasche gehört dein. Adies herztausender Schatz, adies liebe Großmutter, betet für mich und lebt alle wohl – Gott erbarme sich meiner – ach, meine Verzweiflung ist groß!

Ich konnte diese letzten Worte eines gewiß edeln unglücklichen Menschen nicht ohne bittere Tränen lesen. – Der Kasper muß ein gar guter Mensch gewesen sein, liebe Mutter, sagte ich zu der Alten, welche nach diesen Worten stehen blieb und meine Hand drückte und mit tief bewegter Stimme sagte: ja, es war der beste Mensch auf der Welt. Aber die letzten Worte von der Verzweiflung hätte er nicht schreiben sollen, die bringen ihn um sein ehrliches Grab, die bringen ihn auf die Anatomie. Ach, lieber Schreiber, wenn Er hierin nur helfen könnte.

Wie so, liebe Mutter? fragte ich, was können diese letzten Worte dazu beitragen. Ja gewiß, erwiderte sie, der Gerichtshalter hat es mir selbst gesagt. Es ist ein Befehl an alle Gerichte ergangen, daß nur die Selbstmörder aus Melancholie ehrlich sollen begraben werden, alle aber, die aus Verzweiflung Hand an sich gelegt, sollen auf die Anatomie, und der Gerichtshalter hat mir gesagt, daß er den Kasper, weil er selbst seine Verzweiflung eingestanden, auf die Anatomie schicken müsse.

Das ist ein wunderlich Gesetz, sagte ich, denn man könnte wohl bei jedem Selbstmord einen Prozeß anstellen: ob er aus Melancholie oder Verzweiflung entstanden, der so lange dauern müßte, daß der Richter und die Advokaten drüber in Melancholie und Verzweiflung fielen, und auf die Anatomie kämen. Aber seid nur getröstet, liebe Mutter, unser Herzog ist ein so guter Herr, wenn er die ganze Sache hört, wird er dem armen Kasper gewiß sein Plätzchen neben der Mutter vergönnen.

Das gebe Gott! erwiderte die Alte, sehe Er nun, lieber Mensch, als der Gerichtshalter alles zu Papier gebracht hatte, gab er mir die Brieftasche und den Kranz für die schöne Annerl, und so bin ich dann gestern hierher gelaufen, damit ich ihr an ihrem Ehrentag den Trost noch mit auf den Weg geben kann. – Der Kasper ist zu rechter Zeit gestorben, hätte er alles gewußt, er wäre närrisch geworden vor Betrübnis.

Was ist es denn nun mit der schönen Annerl? fragte ich die Alte, bald sagt Ihr: sie habe nur noch wenige Stunden, bald sprecht Ihr von ihrem Ehrentag, und sie werde Trost gewinnen durch Eure traurige Nachricht; sagt mir doch alles heraus, will sie Hochzeit halten mit einem andern, ist sie tot, krank? Ich muß alles wissen, damit ich es in die Bittschrift setzen kann.

Da erwiderte die Alte: Ach, lieber Schreiber, es ist nun so, Gottes Wille geschehe! sehe Er, als Kasper kam, war ich doch nicht recht froh, als Kasper sich das Leben nahm, war ich doch nicht recht traurig, ich hätte es nicht überleben können, wenn Gott sich meiner nicht erbarmt gehabt hätte mit größerem Leid. Ja, ich sage Ihm: es war mir ein Stein vor das Herz gelegt, wie ein Eisbrecher, und alle die Schmerzen, die wie Grundeis gegen mich stürzten und mir das Herz gewiß abgestoßen hätten, die zerbrachen an diesem Stein und trieben kalt vorüber. Ich will Ihm etwas erzählen, das ist betrübt:

Als mein Patgen, die schöne Annerl, ihre Mutter verlor, die eine Base von mir war und sieben Meilen von uns wohnte, war ich bei der kranken Frau. Sie war die Witwe eines armen Bauern, und hatte in ihrer Jugend einen Jäger lieb gehabt, ihn aber wegen seines wilden Lebens nicht genommen. Der Jäger war endlich in solch Elend gekommen, daß er auf Tod und Leben wegen eines Mordes gefangen saß. Das erfuhr meine Base auf ihrem Krankenlager und es tat ihr so weh, daß sie täglich schlimmer wurde und endlich in ihrer Todesstunde, als sie mir die liebe schöne Annerl als mein Patgen übergab, und Abschied von mir nahm, noch in den letzten Augenblikken zu mir sagte: Liebe Anne Margreth, wenn du durch das Städtchen kömmst, wo der arme Jürge gefangen liegt, so lasse ihm sagen durch den Gefangenwärter, daß ich ihn bitte auf meinem Todesbett: er solle sich zu Gott bekehren, und daß ich herzlich für ihn gebetet habe in meiner letzten Stunde und daß ich ihn schön grüßen lasse. – Bald nach diesen Worten starb die gute Base, und als sie begraben war, nahm ich die kleine Annerl, die drei Jahr alt war, auf den Arm und ging mit ihr nach Haus.

Vor dem Städtchen, durch das ich mußte, kam ich an der Scharfrichterei vorüber, und weil der Meister berühmt war als ein Viehdoktor, sollte ich einige Arznei mitnehmen für unsern Schulzen. Ich trat in die Stube und sagte dem Meister, was ich wollte, und er antwortete, daß ich ihm auf den Boden folgen solle, wo er die Kräuter liegen habe, und ihm helfen aussuchen. Ich ließ Annerl in der Stube und folgte ihm. Als wir zurück in die Stube traten, stand Annerl vor einem kleinen Schranke, der an der Wand befestigt war, und sprach: Großmutter, da ist eine Maus drin, hört wie es klappert, da ist eine Maus drin!

Auf diese Rede des Kindes machte der Meister ein sehr

ernsthaftes Gesicht, riß den Schrank auf und sprach: Gott sei uns gnädig! denn er sah sein Richtschwert, das allein in dem Schranke an einem Nagel hing, hin und her wanken. Er nahm das Schwert herunter und mir schauderte. Liebe Frau, sagte er, wenn Ihr das kleine liebe Annerl lieb habt, so erschreckt nicht, wenn ich ihm mit meinem Schwert, rings um das Hälschen, die Haut ein wenig aufritze, denn das Schwert hat vor ihm gewankt, es hat nach seinem Blut verlangt, und wenn ich ihm den Hals damit nicht ritze, so steht dem Kinde groß Elend im Leben bevor. Da faßte er das Kind, welches entsetzlich zu schreien begann, ich schrie auch und riß das Annerl zurück. Indem trat der Bürgermeister des Städtchens herein, der von der Jagd kam und dem Richter einen kranken Hund zur Heilung bringen wollte. Er fragte nach der Ursache des Geschreis, Annerl schrie: er will mich umbringen; ich war außer mir vor Entsetzen. Der Richter erzählte dem Bürgermeister das Ereignis. Dieser verwies ihm seinen Aberglauben, wie er es nannte, heftig und unter scharfen Drohungen; der Richter blieb ganz ruhig dabei und sprach: so haben's meine Väter gehalten, so halt ich's. Da sprach der Bürgermeister: Meister Franz, wenn Ihr glaubtet, Euer Schwert habe sich gerührt, weil ich Euch hiermit anzeige: daß morgen früh um sechs Uhr der Jäger Jürge von Euch soll geköpft werden, so wollt ich es noch verzeihen, aber daß Ihr daraus etwas auf dies liebe Kind schließen wollt, das ist unvernünftig und toll, es könnte so etwas einen Menschen in Verzweiflung bringen, wenn man es ihm später in seinem Alter sagte, daß es ihm in seiner Jugend geschehen sei. Man soll keinen Menschen in Versuchung führen. – Aber auch keines Richters Schwert, sagte Meister Franz vor sich, und hing sein Schwert wieder in den Schrank. Nun küßte der Bürgermeister das Annerl und gab ihm eine Semmel aus seiner Jagdtasche und da er mich gefragt, wer ich sei, wo ich her komme und hin wolle? und ich ihm den Tod meiner Base erzählt hatte, und auch den Auftrag an den Jäger Jürge, sagte er mir: Ihr sollt ihn ausrichten, ich will Euch selbst zu ihm führen, er hat ein hartes Herz, vielleicht wird ihn das Andenken einer guten Sterbenden in seinen letzten Stunden rühren. Da nahm der gute Herr mich und Annerl auf seinen Wagen, der vor der Tür hielt und fuhr mit uns in das Städtchen hinein.

Er hieß mich zu seiner Köchin gehn; da kriegten wir gutes Essen, und gegen Abend ging er mit mir zu dem armen Sünder; und als ich dem die letzten Worte meiner Base erzählte, fing er bitterlich an zu weinen, und schrie: ach Gott! wenn sie mein Weib geworden, wäre es nicht so weit mit mir gekommen. Dann begehrte er, man solle den Herrn Pfarrer doch noch einmal zu ihm bitten, er wolle mit ihm beten. Das versprach ihm der Bürgermeister, und lobte ihn wegen seiner Sinnesveränderung und fragte ihn: ob er vor seinem Tode noch einen Wunsch hätte, den er ihm erfüllen könne. Da sagte der Jäger Jürge: ach, bittet hier die gute alte Mutter, daß sie doch morgen mit dem Töchterlein ihrer seligen Base bei meinem Rechte zugegen sein mögen, das wird mir das Herz stärken in meiner letzten Stunde. Da bat mich der Bürgermeister, und so graulich es mir war, so konnte ich es dem armen elenden Menschen nicht abschlagen. Ich mußte ihm die Hand geben und es ihm feierlich versprechen und er sank weinend auf das Stroh. Der Bürgermeister ging dann mit mir zu seinem Freunde dem Pfarrer, dem ich nochmals alles erzählen mußte, ehe er sich ins Gefängnis begab.

Die Nacht mußte ich mit dem Kinde in des Bürgermeisters Haus schlafen, und am andern Morgen ging ich den schweren Gang zu der Hinrichtung des Jägers Jürge. Ich stand neben dem Bürgermeister im Kreis, und sah wie er das Stäblein brach; da hielt der Jäger Jürge noch eine schöne Rede und alle Leute weinten, und er sah mich und die kleine Annerl, die vor mir stand, gar beweglich an, und dann küßte er den Meister Franz, der Pfarrer betete mit ihm, die Augen wurden ihm verbunden, und er kniete nieder. Da gab ihm der Richter den Todesstreich. Jesus, Maria, Joseph! schrie ich aus; denn der Kopf des Jürgen flog gegen Annerl zu und biß mit seinen Zähnen dem Kinde in sein Röckchen, das ganz entsetzlich schrie; ich riß meine Schürze vom Leibe und warf sie über den scheußlichen Kopf und Meister Franz eilte herbei, riß ihn los, und sprach: Mutter, Mutter, was habe ich heut morgen gesagt; ich kenne mein Schwert, es ist lebendig! – Ich war niedergesunken vor Schreck, das Annerl schrie entsetzlich. Der Bürgermeister war ganz bestürzt und ließ mich und das Kind nach seinem Hause fahren; da schenkte mir seine Frau andre Kleider für mich und das Kind, und Nachmittag schenkte uns der Bürgermeister noch Geld, und viele Leute des Städtchens auch, die Annerl sehen wollten, so daß ich an zwanzig Taler und viele Kleider für sie bekam. Am Abend kam der Pfarrer ins Haus und redete mir lange zu: daß ich das Annerl nur recht in der Gottesfurcht erziehen sollte, und auf alle die betrübten Zeichen gar nichts geben, das seien nur Schlingen des Satans, die man verachten müsse; und dann schenkte er mir noch eine schöne Bibel für das Annerl, die sie noch hat, und dann ließ uns der gute Bürgermeister, am andern Morgen, noch an drei Meilen weit nach Haus fahren. Ach, du mein Gott, und alles ist doch eingetroffen! sagte die Alte und schwieg.

Eine schauerliche Ahnung ergriff mich, die Erzählung der Alten hatte mich ganz zermalmt. Um Gottes willen,

Mutter, rief ich aus, was ist es mit der armen Annerl geworden, ist denn gar nicht zu helfen?

Es hat sie mit den Zähnen dazu gerissen, sagte die Alte, heut wird sie gerichtet; aber sie hat es in der Verzweiflung getan, die Ehre, die Ehre lag ihr im Sinn, sie war zu Schanden gekommen aus Ehrsucht, sie wurde verführt von einem Vornehmen, er hat sie sitzen lassen, sie hat ihr Kind erstickt in derselben Schürze, die ich damals über den Kopf des Jägers Jürge warf, und die sie mir heimlich entwendet hat; ach, es hat sie mit Zähnen dazu gerissen, sie hat es in der Verwirrung getan. Der Verführer hatte ihr die Ehe versprochen, und gesagt: der Kasper sei in Frankreich geblieben; dann ist sie verzweifelt und hat das Böse getan, und hat sich selbst bei den Gerichten angegeben. Um vier Uhr wird sie gerichtet. Sie hat mir geschrieben: ich möchte noch zu ihr kommen, das will ich nun tun und ihr das Kränzlein und den Gruß von dem armen Kasper bringen, und die Rose, die ich heut nacht erhalten, das wird sie trösten. Ach, lieber Schreiber, wenn Er es nur in der Bittschrift auswirken kann: daß ihr Leib und auch der Kasper dürfen auf unsern Kirchhof gebracht werden.

Alles, alles will ich versuchen! rief ich aus, gleich will ich nach dem Schlosse laufen, mein Freund, der Ihn die Rose gab, hat die Wache dort, er soll mir den Herzog wecken, ich will vor sein Bett knien, und ihn um Pardon für Annerl bitten.

Pardon? sagte die Alte kalt, er hat sie ja mit Zähnen dazu gezogen; hör' Er, lieber Freund, Gerechtigkeit ist besser als Pardon, was hilft aller Pardon auf Erden, wir müssen doch alle vor das Gericht:

> Ihr Toten, ihr Toten sollt auferstehn,
> Ihr sollt vor das Jüngste Gerichte gehn.

Seht, sie will keinen Pardon, man hat ihn ihr angeboten, wenn sie den Vater des Kindes nennen wolle, aber das Annerl hat gesagt: Ich habe sein Kind ermordet und will sterben, und ihn nicht unglücklich machen; ich muß meine Strafe leiden, daß ich zu meinem Kinde komme, aber ihn kann es verderben, wenn ich ihn nenne. Darüber wurde ihr das Schwert zuerkannt. Gehe Er zum Herzog, und bitte Er für Kasper und Annerl um ein ehrlich Grab. Gehe Er gleich, seh' Er: dort geht der Herr Pfarrer ins Gefängnis, ich will ihn ansprechen, daß er mich mit hinein zum schönen Annerl nimmt. Wenn Er sich eilt, so kann Er uns draußen am Gerichte vielleicht den Trost noch bringen: mit dem ehrlichen Grab für Kasper und Annerl.

Unter diesen Worten waren wir mit dem Prediger zusammengetroffen, die Alte erzählte ihr Verhältnis zu der Gefangenen und er nahm sie freundlich mit zum Gefängnis. Ich aber eilte nun, wie ich noch nie gelaufen, nach dem Schlosse, und es machte mir einen tröstenden Eindruck, es war mir wie ein Zeichen der Hoffnung, als ich an Graf Grossingers Hause vorüberstürzte, und aus einem offnen Fenster des Gartenhauses eine liebliche Stimme zur Laute singen hörte:

> Die Gnade sprach von Liebe,
> Die Ehre aber wacht,
> Und wünscht voll Lieb' der Gnade
> In Ehren gute Nacht.
>
> Die Gnade nimmt den Schleier,
> Wenn Liebe Rosen gibt,
> Die Ehre grüßt den Freier,
> Weil sie die Gnade liebt.

Ach, ich hatte der guten Wahrzeichen noch mehr! einhundert Schritte weiter, fand ich einen weißen Schleier auf der Straße liegend; ich raffte ihn auf, er war voll von duftenden Rosen. Ich hielt ihn in der Hand und lief weiter, mit dem Gedanken: ach Gott, das ist die Gnade. Als ich um die Ecke bog, sah ich einen Mann, der sich in seinem Mantel verhüllte, als ich vor ihm vorüber eilte, und mir heftig den Rücken wandte, um nicht gesehen zu werden. Er hätte es nicht nötig gehabt, ich sah und hörte nichts in meinem Innern, als: Gnade, Gnade! und stürzte durch das Gittertor in den Schloßhof. Gott sei Dank, der Fähndrich, Graf Grossinger, der unter den blühenden Kastanienbäumen vor der Wache auf und ab ging, trat mir schon entgegen.

Lieber Graf, sagte ich mit Ungestüm, Sie müssen mich gleich zum Herzog bringen, gleich auf der Stelle, oder alles ist zu spät, alles ist verloren!

Er schien verlegen über diesen Antrag und sagte: Was fällt Ihnen ein, zu dieser ungewohnten Stunde? Es ist nicht möglich, kommen Sie zur Parade, da will ich Sie vorstellen.

Mir brannte der Boden unter den Füßen; jetzt, rief ich aus, oder nie! es muß sein, es betrifft das Leben eines Menschen.

Es kann jetzt nicht sein, erwiderte Grossinger scharf absprechend, es betrifft meine Ehre, es ist mir untersagt, heute nacht irgend eine Meldung zu tun.

Das Wort Ehre machte mich verzweifeln; ich dachte an Kaspers Ehre, an Annerls Ehre und sagte: die vermaledeite Ehre, gerade um die letzte Hülfe zu leisten, welche so eine Ehre übrig gelassen, muß ich zum Herzoge, Sie müssen mich melden oder ich schreie laut nach dem Herzog.

So Sie sich rühren, sagte Grossinger heftig, lasse ich Sie in die Wache werfen, Sie sind ein Phantast, Sie kennen keine Verhältnisse.

O ich kenne Verhältnisse, schreckliche Verhältnisse ich muß zum Herzoge, jede Minute ist unerkäuflich! versetzte ich, wollen Sie mich nicht gleich melden, so eile ich allein zu ihm.

Mit diesen Worten wollte ich nach der Treppe, die zu den Gemächern des Herzogs hinaufführte, als ich den Nämlichen, in einen Mantel Verhüllten, der mir begegnete, nach dieser Treppe eilend bemerkte. Grossinger drehte mich mit Gewalt um, daß ich diesen nicht sehen sollte. Was machen Sie, Töriger, flüsterte er mir zu, schweigen Sie, ruhen Sie, Sie machen mich unglücklich.

Warum halten Sie den Mann nicht zurück, der da hinauf ging? sagte ich; er kann nichts Dringenderes vorzubringen haben, als ich. Ach, es ist so dringend, ich muß, ich muß! Es betrifft das Schicksal eines unglücklichen verführten armen Geschöpfs.

Grossinger erwiderte: Sie haben den Mann hinauf gehen sehen; wenn Sie je ein Wort davon äußern, so kommen Sie vor meine Klinge; gerade, weil E r hinauf ging, können S i e   n i c h t hinauf, der Herzog hat Geschäfte mit ihm.

Da erleuchteten sich die Fenster des Herzogs. Gott, er hat Licht, er ist auf! sagte ich, ich muß ihn sprechen, um des Himmels willen, lassen Sie mich, oder ich schreie Hülfe.

Grossinger faßte mich beim Arm, und sagte: Sie sind betrunken, kommen Sie in die Wache; ich bin Ihr Freund, schlafen Sie aus, und sagen Sie mir das Lied, das die Alte heut nacht an der Türe sang, als ich die Runde vorüber führte, das Lied interessiert mich sehr.

Gerade wegen der Alten und den Ihrigen muß ich mit dem Herzoge sprechen! rief ich aus.

Wegen der Alten? versetzte Grossinger, wegen der

sprechen Sie mit mir, die großen Herrn haben keinen Sinn für so etwas, geschwind kommen Sie nach der Wache.

Er wollte mich fortziehen, da schlug die Schloßuhr halb vier, der Klang schnitt mir wie ein Schrei der Not durch die Seele, und ich schrie aus voller Brust zu den Fenstern des Herzogs hinauf:

Hülfe! um Gottes willen, Hülfe für ein elendes, verführtes Geschöpf! Da ward Grossinger wie unsinnig, er wollte mir den Mund zuhalten, aber ich rang mit ihm; er stieß mich in den Nacken, er schimpfte, ich fühlte, ich hörte nichts. Er rief nach der Wache, der Korporal eilte mit etlichen Soldaten herbei, mich zu greifen, aber in dem Augenblick ging des Herzogs Fenster auf, und es rief herunter:

Fähndrich Graf Grossinger, was ist das für ein Skandal? bringen Sie den Menschen herauf, gleich auf der Stelle!

Ich wartete nicht auf den Fähndrich; ich stürzte die Treppe hinauf, ich fiel nieder zu den Füßen des Herzogs, der mich betroffen und unwillig aufstehen hieß. Er hatte Stiefel und Sporen an, und doch einen Schlafrock, den er sorgfältig über der Brust zusammenhielt.

Ich trug dem Herzoge alles, was mir die Alte von dem Selbstmorde des Ulans, von der Geschichte der schönen Annerl erzählt hatte, so gedrängt vor, als es die Not erforderte, und flehte ihn wenigstens um den Aufschub der Hinrichtung auf wenige Stunden und um ein ehrliches Grab für die beiden Unglücklichen an, wenn Gnade unmöglich sei. – Ach, Gnade, Gnade! rief ich aus, indem ich den gefundenen weißen Schleier voll Rosen aus dem Busen zog; dieser Schleier, den ich auf meinem Wege hierher gefunden, schien mir Gnade zu verheißen.

Der Herzog griff mit Ungestüm nach dem Schleier, und war heftig bewegt, er drückte den Schleier in seinen Händen und als ich die Worte aussprach: Euer Durchlaucht, dieses arme Mädchen ist ein Opfer falscher Ehrsucht; ein Vornehmer hat sie verführt, und ihr die Ehe versprochen, ach, sie ist so gut daß sie lieber sterben will als ihn nennen – da unterbrach mich der Herzog mit Tränen in den Augen, und sagte: Schweigen Sie, ums Himmels willen, schweigen Sie – und nun wendete er sich zu dem Fähndrich, der an der Türe stand, und sagte mit dringender Eile: Fort, eilend zu Pferde mit diesem Menschen hier; reiten Sie das Pferd tot; nur nach dem Gerichte hin: heften Sie diesen Schleier an Ihren Degen, winken und schreien Sie Gnade, Gnade! Ich komme nach.

Grossinger nahm den Schleier; er war ganz verwandelt, er sah aus wie ein Gespenst vor Angst und Eile; wir stürzten in den Stall, saßen zu Pferde und ritten im Galopp, er stürmte wie ein Wahnsinniger zum Tore hinaus. Als er den Schleier an seine Degenspitze heftete, schrie er: Herr Jesus, meine Schwester! Ich verstand nicht was er wollte. Er stand hoch im Bügel, und wehte und schrie: Gnade, Gnade! wir sahen auf dem Hügel die Menge um das Gericht versammelt. Mein Pferd scheute vor dem wehenden Tuch. Ich bin ein schlechter Reiter, ich konnte den Grossinger nicht einholen, er flog im schnellsten Karriere; ich strengte alle Kräfte an. Trauriges Schicksal! die Artillerie exerzierte in der Nähe, der Kanonendonner machte es unmöglich, unser Geschrei aus der Ferne zu hören. Grossinger stürzte, das Volk stob aus einander, ich sah in den Kreis, ich sah einen Stahlblitz in der frühen Sonne – ach Gott, es war der Schwertblitz des Richters! – Ich sprengte heran, ich hörte das Wehklagen der Menge. Pardon, Pardon! schrie Grossinger und stürzte mit wehendem Schleier durch den Kreis, wie ein Rasender, aber der Richter hielt ihm das blutende Haupt der schönen Annerl entgegen, das ihn wehmütig anlächelte. Da schrie er: Gott sei mir gnädig! und fiel auf die Leiche hin zur Erde, tötet mich, tötet mich ihr Menschen, ich habe sie verführt, ich bin ihr Mörder!

Eine rächende Wut ergriff die Menge; die Weiber und Jungfrauen drangen heran und rissen ihn von der Leiche, und traten ihn mit Füßen, er wehrte sich nicht; die Wachen konnten das wütende Volk nicht bändigen. Da erhob sich das Geschrei: der Herzog, der Herzog! er kam im offnen Wagen gefahren, ein blutjunger Mensch, den Hut tief ins Gesicht gedrückt, in einen Mantel gehüllt, saß neben ihm. Die Menschen schleifen Grossinger herbei; Jesus, mein Bruder! schrie der junge Offizier mit der weiblichsten Stimme aus dem Wagen. Der Herzog sprach bestürzt zu ihm: schweigen Sie! er sprang aus dem Wagen, der junge Mensch wollte folgen, der Herzog drängte ihn schier unsanft zurück, aber so beförderte sich die Entdekkung: daß der junge Mensch die, als Offizier verkleidete Schwester Grossingers sei. Der Herzog ließ den mißhandelten, blutenden, ohnmächtigen Grossinger in den Wagen legen, die Schwester nahm keine Rücksicht mehr, sie warf ihren Mantel über ihn; jedermann sah sie in weiblicher Kleidung. Der Herzog war verlegen, aber er sammelte sich, und befahl: den Wagen sogleich umzuwenden, und die Gräfin mit ihrem Bruder nach ihrer Wohnung zu fahren. Dieses Ereignis hatte die Wut der Menge einigermaßen gestillt. Der Herzog sagte laut zu dem wachthabenden Offizier: die Gräfin Grossinger hat ihren Bruder an ihrem Hause vorbei reiten sehen, den Pardon zu bringen und wollte diesem freudigen Ereignis beiwohnen; als ich zu demselben Zwecke vorüber fuhr, stand sie am Fenster, und bat mich, sie in meinem Wagen mitzunehmen, ich konnte es dem gutmütigen Kinde nicht abschlagen. Sie nahm einen Mantel und Hut ihres Bruders, um kein Aufsehen zu erregen, und hat, von dem unglücklichen Zufall überrascht, die Sache gerade dadurch zu einem abenteuerlichen Skandal gemacht. Aber wie konnten Sie, Herr Lieutenant, den unglücklichen Grafen Grossinger nicht vor dem Pöbel schützen? es ist ein gräßlicher Fall: daß er, mit dem Pferde stürzend, zu spät kam, er kann doch aber nichts dafür; ich will die Mißhandler des Grafen verhaften und bestraft wissen.

Auf diese Rede des Herzogs erhob sich ein allgemeines Geschrei: Er ist ein Schurke, er ist der Verführer, der Mörder der schönen Annerl gewesen, er hat es selbst gesagt, der elende, der schlechte Kerl!

Als dies von allen Seiten hertönte und auch der Prediger und der Offizier und die Gerichtspersonen es bestätigten, war der Herzog so tief erschüttert, daß er nichts sagte, als: Entsetzlich, entsetzlich, o der elende Mensch!

Nun trat der Herzog blaß und bleich in den Kreis, er wollte die Leiche der schönen Annerl sehen. Sie lag auf dem grünen Rasen in einem schwarzen Kleide mit weißen Schleifen, die alte Großmutter, welche sich um alles was vorging nicht bekümmerte, hatte ihr das Haupt an den Rumpf gelegt und die schreckliche Trennung mit ihrer Schürze bedeckt; sie war beschäftigt ihr die Hände über die Bibel zu falten, welche der Pfarrer in dem kleinen Städtchen der kleinen Annerl geschenkt hatte, das goldene Kränzlein band sie ihr auf den Kopf, und steckte die Rose vor die Brust, welche ihr Grossinger in der Nacht gegeben hatte, ohne zu wissen, wem er sie gab.

Der Herzog sprach bei diesem Anblick: Schönes, unglückliches Annerl! schändlicher Verführer, du kamst zu spät! – arme alte Mutter, du bist ihr allein treu geblieben, bis in den Tod. Als er mich bei diesen Worten in seiner Nähe sah, sprach er zu mir: Sie sagten mir von einem letzten Willen des Korporal Kasper, haben Sie ihn bei sich. Da wendete ich mich zu der Alten und sagte: Arme Mutter, gebt mir die Brieftasche Kaspers; Se. Durchlaucht wollen seinen letzten Willen lesen.

Die Alte, welche sich um nichts bekümmerte, sagte mürrisch: Ist Er auch wieder da? Er hätte lieber ganz zu Hause bleiben können. Hat Er die Bittschrift? jetzt ist es zu spät, ich habe dem armen Kinde den Trost nicht geben können, daß sie zu Kasper in ein ehrliches Grab soll; ach, ich hab es ihr vorgelogen, aber sie hat mir nicht geglaubt.

Der Herzog unterbrach sie und sprach: Ihr habt nicht gelogen, gute Mutter, der Mensch hat sein Möglichstes getan, der Sturz des Pferdes ist an allem schuld, aber sie soll ein ehrliches Grab haben bei ihrer Mutter und bei Kasper, der ein braver Kerl war, es soll ihnen beiden eine Leichenpredigt gehalten werden über die Worte: Gebt Gott allein die Ehre! der Kasper soll als Fähndrich begraben werden, seine Schwadron soll ihm dreimal ins Grab schießen, und des Verderbers Grossingers Degen soll auf seinen Sarg gelegt werden.

Nach diesen Worten ergriff er Grossingers Degen, der mit dem Schleier noch an der Erde lag, nahm den Schleier herunter, bedeckte Annerl damit und sprach: Dieser unglückliche Schleier, der ihr so gern Gnade gebracht hätte, soll ihr die Ehre wiedergeben, sie ist ehrlich und begnadigt gestorben, der Schleier soll mit ihr begraben werden.

Den Degen gab er dem Offizier der Wache mit den Worten: Sie werden heute noch meine Befehle wegen der Bestattung des Ulanen und dieses armen Mädchens bei der Parade empfangen.

Nun las er auch die letzten Worte Kaspers laut mit

vieler Rührung, die alte Großmutter umarmte mit Freudentränen seine Füße, als wäre sie das glücklichste Weib. Er sagte zu ihr, gebe Sie sich zufrieden, Sie soll eine Pension haben bis an Ihr seliges Ende, ich will Ihrem Enkel und der Annerl einen Denkstein setzen lassen. Nun befahl er dem Prediger mit der Alten, und einem Sarge in welchem die Gerichtete gelegt wurde, nach seiner Wohnung zu fahren, und sie dann nach ihrer Heimat zu bringen und das Begräbnis zu besorgen. Da während dem seine Adjudanten mit Pferden gekommen waren; sagte er noch zu mir: Geben Sie meinem Adjudanten Ihren Namen an, ich werde Sie rufen lassen, Sie haben einen schönen menschlichen Eifer gezeigt. Der Adjudant schrieb meinen Namen in seine Schreibtafel, und machte mir ein verbindliches Kompliment. Dann sprengte der Herzog, von den Segenswünschen der Menge begleitet, in die Stadt. Die Leiche der schönen Annerl ward nun mit der guten alten Großmutter in das Haus des Pfarrers gebracht, und in der folgenden Nacht fuhr dieser mit ihr nach der Heimat zurück. Der Offizier traf, mit dem Degen Grossingers und einer Schwadron Ulanen, auch daselbst am folgenden Abend ein. Da wurde nun der brave Kasper, mit Grossingers Degen auf der Bahre und dem Fähndrichs-Patent, neben der schönen Annerl, zur Seite seiner Mutter begraben. Ich war auch hingeeilt und führte die alte Mutter, welche kindisch vor Freude war, aber wenig redete; und als die Ulanen dem Kasper zum dritten Mal ins Grab schossen, fiel sie mir tot in die Arme, sie hat ihr Grab auch neben den Ihrigen empfangen. Gott gebe ihnen allen eine freudige Auferstehung!

Sie sollen treten auf die Spitzen,
Wo die lieben Engelein sitzen,

Wo kömmt der liebe Gott gezogen,
Mit einem schönen Regenbogen;
Da sollen ihre Seelen vor Gott bestehn.
Wann wir werden zum Himmel eingehn.

Amen.

Als ich in die Hauptstadt zurück kam, hörte ich: Graf
Grossinger sei gestorben; er habe Gift genommen, in meiner Wohnung fand ich einen Brief von ihm, er sagte mir
darin:

Ich habe Ihnen viel zu danken, Sie haben meine
Schande, die mir lange das Herz abnagte, zu Tage
gebracht. Jenes Lied der Alten kannte ich wohl, die
Annerl hatte es mir oft vorgesagt, sie war ein unbeschreiblich edles Geschöpf. Ich war ein elender Verbrecher, sie
hatte ein schriftliches Eheversprechen von mir gehabt und
hat es verbrannt. Sie diente bei einer alten Tante von mir,
sie litt oft an Melancholie. Ich habe mich durch gewisse
medizinische Mittel, die etwas Magisches haben, ihrer
Seele bemächtigt. – Gott sei mir gnädig! – Sie haben auch
die Ehre meiner Schwester gerettet, der Herzog liebt sie,
ich war sein Günstling – die Geschichte hat ihn erschüttert
– Gott helfe mir, ich habe Gift genommen.

Joseph Graf Grossinger.

Die Schürze der schönen Annerl, in welche ihr der
Kopf des Jäger Jürge bei seiner Enthauptung gebissen, ist
auf der herzoglichen Kunstkammer bewahrt worden.
Man sagt: die Schwester des Grafen Grossinger werde der
Herzog mit dem Namen: *Voile de Grace* auf deutsch:
Gnadenschleier in den Fürstenstand erheben und sich mit
ihr vermählen. Bei der nächsten Revue in der Gegend von
D . . . . soll das Monument auf den Gräbern der beiden

unglücklichen Ehrenopfer, auf dem Kirchhof des Dorfs, errichtet und eingeweiht werden, der Herzog wird mit der Fürstin selbst zugegen sein. Er ist ausnehmend zufrieden damit; die Idee soll von der Fürstin und dem Herzoge zusammen erfunden sein. Es stellt die falsche und wahre Ehre vor, die sich vor einem Kreuze beiderseits gleich tief zur Erde beugen, die Gerechtigkeit steht mit dem geschwungenen Schwerte zur einen Seite, die Gnade zur andern Seite und wirft einen Schleier heran. Man will im Kopfe der Gerechtigkeit Ähnlichkeit mit dem Herzoge, in dem Kopfe der Gnade Ähnlichkeit mit dem Gesichte der Fürstin finden.

Dokumente zur Entstehungs-
und Druckgeschichte

Tagebuchnotiz LUDWIG VON GERLACHS vom 27. Juni 1817:

Ich habe, seit ich von Dessau zurück bin, viel über Bauern-
recht, besonders in der Neumark (Rohrbecksche Akten etc.)
gelesen, auch seit ein paar Wochen wieder regelmäßig mit
Plehwe und Thadden. Heute waren wir nachmittags im Tier-
garten, wo Brentano die Geschichte vom Casper und Annerl
und die alte Großmutter vorlas. Ich ging nicht, wie ich
gewollt hätte, zum Lesen zu Plehwe. Zuletzt haben wir den
Montag gelesen. Da war er sehr lustig und redete von seiner
Reise, er würde ein Tagebuch schreiben – für uns. Sein Cli-
quenton war gar nicht an ihm zu merken. – –

> Aus den Jahren preußischer Not und Erneuerung.
> Tagebücher und Briefe der Gebrüder Gerlach und
> ihres Kreises 1805–1820. Hrsg. von Hans Joachim
> Schoeps. Berlin: Haude & Spener, 1966. S. 234.

Brief von FRIEDRICH WILHELM GUBITZ an Emilie, die
Schwägerin Brentanos, vom 4. Juni 1851:

Verehrte Frau!

Auf Ihr geschätztes Schreiben vom 16ten Mai, welches ich
nach einem kurzen Ausfluge daheim vorfand, erwiedere ich
mit kurzer Darlegung der Sachlage.

Achim v. Arnim führte Clemens Brentano zu mir, und,
wie ich es mit Jenem bereits war, so wurde ich auch mit
Diesem näher bekannt. Sie nahmen den freundlichsten
Antheil an meinem [!] künstlerischen und literarischen Be-
strebungen, so am »Gesellschafter« und den vier Bänden,
welche ich herausgab zum Zwecke der »Bücher-Verloosung
für hülflose Krieger«, denen ich als Mitglied des »Vaterländischen Vereins« von 1817 bis 1840 durch mehrere Unterneh-
mungen verschiedener Art über 20,000 Thaler verschaffte,

45

bei großer Mühwaltung. Nun besaß ich damals eine Sammlung alter Holzschnitte und Eisenstiche, nächstdem ein mittelalterliches Oelgemälde, und die beiden Freunde hatten großen Gefallen daran. Ich schenkte sie ihnen als Ausgleichung dessen, was sie mir schenkten, nämlich ihre Beiträge zum »Gesellschafter«. Zu jenen vier Bänden bedurfte ich der Manuscripte, Clemens Brentano hatte mir auch eines zugesagt, es blieb jedoch aus, und nach Berathung mit Achim v. Arnim nahm ich die »Geschichte vom braven Kasperl und schönen Annerl« dazu, die vom Dichter anfangs für den »Gesellschafter« bestimmt war, wobei ich den etwaigen Weiterabdruck mir vorbehielt in Übereinkunft mit Achim v. Arnim, der dann später mit Brentano zu mir kam, damit mir Letzterer versichere: »daß mir ja die Manuscripte als Gegengeschenk überlassen wären, ich also in Bezug auf jeden Abdruck, den ich für rathsam hielte, freie Hand habe, ihm Einzel-Ausgaben überdem auch nur wünschenswerth seyn könnten.« Zugleich brachte mir nun Brentano das dramatische Gedicht: »Am Rhein, am Rhein« mit, welches er eigentlich zu jenen Bänden bestimmt hatte. Es kam zu spät, er legte es jedoch auf meinen Tisch, indem er äusserte: »Machen Sie damit, was Sie wollen!« Die mitabgedruckte Bemerkung stand aber darauf, und so hielt ich mich nicht für befugt, einen anderen Gebrauch davon zu machen als zu dem angedeuteten wohlthätigen Zweck. Dies Ende 1817 oder Anfangs 1818 mir eingehändigte Gedicht erschien deshalb erst im Jahr 1840, als ich nochmals eine »Bücher-Verloosung für hülflose Krieger« veranstaltete, und es ist nur dies Einemal gedruckt worden.

Daß die obigen Angaben richtig sind, beweist sich aus dem Umstande, daß, als ich eine Buchhandlung übernahm (1830), ich bei Lebzeiten Brentano's, ohne irgend eine Anfechtung seinerseits, die »mehreren Wehmüller« mit Eichendorff's »Viel Lärmen um Nichts« zusammendrucken ließ (1833), dann auch den abermaligen Abdruck vom »braven Kasperl und schönen Annerl« gab (1835 in meinem »Volks-Kalender«), etwas gekürzt um der abergläubigen Menge willen, hienach aber eine treue Einzelausgabe (1838) folgen ließ. Als ich einige Zeit später das Verlagsrecht von den paar Schriften Eichendorffs, die in meiner Buchhandlung erschienen waren, zum Zweck einer Gesammt-Ausgabe verkaufte, wurden die »mehreren Wehmüller«, um Brentano's Namen auch in Bezug auf diese kleine Schrift nicht aus meinem Verlags-Verzeichniß entschwinden zu sehen, einzeln gedruckt, obwohl auf einen bedeutenden Absatz nicht zu rechnen war. Dies Alles ist geschehen bei Lebzeiten des Dichters innerhalb der Jahre 1833 bis 1842, und niemals darüber weder von ihm noch andererseits irgend eine Beschwerde erhoben worden, was meine Darlegung der Sachlage bestätigt. So habe ich auch »Sechs Erzählungen« von Achim von Arnim im Einzel-Abdruck gegeben, und als nach dessen Tode die Witwe deshalb Einspruch thun wollte, hat eine den Thatsachen nach ähnliche Darlegung mir mein Recht bewahrt.

Es kann hier von großem Vortheil nicht die Rede seyn, denn selbst bei »Kasperl und Annerl« hat die Einzel-Ausgabe in 600 Exemplaren vom Jahr 1838 bis zu Anfang 1851 gereicht, und die »mehreren Wehmüller« sind bis jetzt nur spärlich gefordert worden. Es knüpfen sich indeß so viele Erinnerungen an diese kleinen Schriften, daß sie mir lieb und werth sind und bleiben. Nun will ich zwar nichts gegen eine Gesammt-Ausgabe haben, einer solchen nichts in den Weg legen, doch aber mein Recht nicht einbüßen auf die Einzel-Ausgabe der paar kleinen Schriften, die ohnehin nur ein kleiner Theil des Ganzen sind, und die, ist die Gesammt-Ausgabe da, gewiß wenig gekauft werden. Aber meine Erinnerungen knüpfen sich daran! – wie schon gesagt.

Hinsichtlich dessen, was ich nicht für Einzel-Ausgabe benutzte, will ich Ihnen gern Auskunft geben, wenn ich weiß, was Sie zum Beispiel haben von den Parabeln und artistischen Aufsätzen, wovon Einiges zum Theil ohne Brentano's Namen, oder nur mit »C« oder »Cl« unterzeichnet, gedruckt ist. Doch müßte ich deshalb mehrere Jahrgänge des

»Gesellschafter« und auch meine stark angefüllten Mappen durchsuchen, was ich übrigens gern thun würde.

In auszeichnender Hochachtung empfiehlt sich
ergebenst
F. W. Gubitz.

Berlin, am 4ten Juni 1851.

Abdruck nach der Handschrift (Freies Deutsches Hochstift, Frankfurter Goethe-Museum, Frankfurt am Main).

Bericht in der Brentano-Biographie von JOHANNES B. DIEL und WILHELM KREITEN (1878):

Die Erzählung vom »braven Kasperl und dem schönen Annerl« verdankt ebenfalls der christlichen Liebe des Dichters ihre Entstehung.

Im Frühling des Jahres 1817 kam Clemens an einem Abend ganz trostlos zur Mutter Luise Hensels: »Erzählen Sie mir doch eine Geschichte, die ich wieder schreiben kann«, redete er die erstaunte Frau an; »ich weiß eine Familie in großer Noth und muß ihr helfen, aber ich habe im Augenblick keine so starke Summe.« Nach einigem Sträuben erzählte die Hausfrau zwei Geschichten, die sich wirklich ereignet hatten; einen Kindsmord in Schlesien und den Selbstmord eines Unteroffiziers, der zu viel auf seine Soldatenehre hielt. Brentano griff beide rasch auf und verschmolz sie auf Grundlage eines alten Volksliedes zu einem künstlerischen Ganzen. Zufrieden eilte er nach Hause, und weil die Liebe ihn drängte, ging die Arbeit schnell von Statten. Nach vier Tagen brachte er sie zu G u b i t z , der ihm ein reiches Honorar dafür zahlte, und die Novelle in seinem Taschenbuch »Milde Gaben« (1818) erscheinen ließ.

Diel, Johannes B.: Clemens Brentano. Ein Lebensbild nach gedruckten und ungedruckten Quellen. Erg. und hrsg. von Wilhelm Kreiten. Bd. 2: 1814–1842. Freiburg i. Br.: Herder, 1878. S. 89 f.

ANZEIGEN, eine Bücherverlosung und die Veröffentlichung der vierbändigen *Gaben der Milde* (1817/18) betreffend, in deren 2. Bändchen die *Geschichte vom braven Kasperl und dem schönen Annerl* erschienen ist.

Anzeige vom Februar 1817:

Plan zu einer Bücher-Verloosung.

Mit Allerhöchster Königlicher Bewilligung und zum Vortheile des »Vaterländischen Vereins zur Verpflegung hülfloser Krieger von der Berliner Garnison aus den Jahren 1813 bis 1815« veranstaltet der Unterzeichnete eine *Bücher-Verloosung* nach folgendem Plane:

Es werden 5000 Nummern ausgegeben à 6 Thlr. Pr. Cour. Der einkommende Betrag von 30000 Thlr. wird, in Bücher-Werth, schon allein durch die größeren Gewinne wieder vertheilt, und zwar in den besten schriftstellerischen Werken der Deutschen [...]. Außer diesen *größeren* Gewinnen sind auch noch *Ausgleichung*-Gewinne da; es empfangen nämlich alle Interessenten, welche durch die Ziehung keinen der größeren Gewinne hinwegnehmen, *vier* Bändchen *neuer* Schriften (im Werthpreise 6 Thlr.) welche *nur* für diesen Zweck gedruckt werden, nur durch diese Verloosung zu haben sind und durchaus nicht in den Buchhandel kommen.

Zu diesen Bändchen gaben noch ungedruckte Beiträge: *Göthe, Achim v. Arnim, W. Blumenhagen, Clemens Brentano* [u. a.] [...]. In allen größeren Gewinnen sind diese Bändchen mit enthalten. [...] Die Loose à 6 Thlr. Pr. Courant, vertheilt und versendet vom Unterzeichneten und der Maurerschen Buchhandlung in Berlin, sind von heute an, durch alle Königl. bestallte Lotterie-Einnehmer, ferner durch alle Königliche Postämter und alle Buchhandlungen zu haben. Die Ziehung geschieht im Laufe des Monats August 1817 [...].

Berlin am 18ten Februar 1817. *F. W. Gubitz*
Prof. der Königl. Akademie der Künste.

Der Gesellschafter oder Blätter für Geist und Herz. 1. Jahrgang. 19. Februar 1817. S. 116.

Anzeige vom August 1817:

Bücher-Verloosung zum Vortheil des vaterländischen
Vereins für hülflose Krieger

Bei dieser Bücher-Verloosung verzögerte sich der Ziehungs-
Termin, weil die jedem Theilnehmer zukommenden vier
Bändchen mehr Zeit fordern, als nach dem Zeitverluste bei
allen Vorarbeiten dazu übrig blieb [. . .]. Viele, welche Loose
nahmen und bestellten, hätten gern, im Fall ein größerer
Gewinn sie trifft, einen *Katalog* der Bücher zur Auswahl
[. . .]. Noch hat man gewünscht, den Inhalt der vier Bändchen, welche *Jeder* empfängt, genauer zu kennen; er ist im
erwähnten Kataloge ebenfalls mit abgedruckt, und damit
auch hier gleich das Mögliche geschehe, werden zwei Bändchen davon in wenigen Wochen schon Allen, die Loose besit-
zen, eingehändigt. *Zu kaufen sind sie aber nicht;* man empfängt sie, laut dem Plane, nur durch diese Verloosung, deren
Ziehung erfolgt, sobald der Druck der sämmtlichen Bändchen beendet ist. [. . .]

Die ersten beiden bald auszugebenden Bändchen enthal-
ten: I. Paul Pommer. Scenen aus dem Leben eines preußi-
schen Invaliden. Von *de la Motte Fouqué*. – Fragmente zur
Erinnerung an Doris, Freifrau von Canitz. Von *Franz Horn*.
– Der Sieg der Treue. Von *Helmina v. Chezy*. – Die arme
Marie. Von *Gustav Jördens*. – Der Hypochonder. Von der
Verfasserin von »*Juliens Briefe*« – Liebeszwist. Von *Carl
Stein*. – Der Ritter und der getreue Hund. Von *Büsching*. –
II. Wonne des Gebens. Von *Göthe*. – Einsamkeiten. Von
Otto Heinrich Graf *von Löben*. – Der Freund auf der
Brücke. Von *Weißer*. – Geschichte vom braven Kasper und
dem schönen Annerl. Von *Clemens Brentano*. – Herbstblu-
men-Kranz. Von *K. L. M. Müller*. – Das Leben. Von *F. W.
Gubitz*. – Die Maskerade auf dem Papiere. Von *Friedr.
Kuhn*. – Alceste. Von *Haug*. – Die Walburgisnacht. Von
Prätzel. – Wohlthätigkeit. Von *Luise Brachmann*. – Die
drei Schwäne. Volkssage von *Wilh. Hensel*. – Das Glück.
Von *K. Müchler*. – Propertia di Rossi. Von *C. Holtei*.

Noch ersuche ich ergebenst Alle, die mir gefälligst Beiträge zusagten, welche ich noch nicht empfing, um die schnellste Einsendung.

Berlin, im August 1817.

F. W. Gubitz, Professor der
K. Academie der Künste.

Berlinische Nachrichten von Staats- und gelehrten Sachen. 2. September 1817. Beilage.

Anzeige vom November 1817:

Bücher-Verloosung zum Besten hülfloser Krieger.

Die *ersten beiden* von den *vier* Bändchen, die jeder Theilnehmer empfängt, werden, gegen gefälliges Vorzeigen schon gekaufter Loose, und an die jetzt noch eintretenden Abnehmer derselben, *gleich* ausgeliefert und auswärtigen Loose-Besitzern *ohne Anforderung* gesandt. Sie haben den Titel:

Gaben der Milde.
Erstes und zweites Bändchen.

Mit Beiträgen von *Helmina von Chezy, de la Motte Fouqué*, [...], *Goethe, Clemens Brentano* [u. a.]. [...] Sobald die andern beiden Bändchen, welche von geschätzten Schriftstellern auch reich ausgestaltet wurden, im *Drucke beendet sind*, erfolgt die *Ziehung*, für welche ich die Bestimmung des Tages mir vorbehalte. [...]

Berlin, im November 1817.

F. W. Gubitz, Professor der K. Akademie der Künste.

Berlinische Nachrichten von Staats- und gelehrten Sachen. 25. November 1817.

Zu dieser Ausgabe

Von Brentanos *Geschichte vom braven Kasperl und dem schönen Annerl* haben sich keine handschriftlichen Textzeugen erhalten. Die als Druckvorlage dienende Handschrift bzw. Reinschrift des Autors – möglicherweise auch eine Abschrift des Originalmanuskripts von fremder Hand – ist wahrscheinlich bei oder nach der Drucklegung des Erstdrucks ›verbraucht‹ bzw. vernichtet worden, eine Gepflogenheit, wie sie in damaligen Druckereien beim Setzen gang und gäbe war. An Zeugen, die den Text der *Geschichte* überliefern, kommen also ausschließlich Drucke in Betracht.

Zu Lebzeiten Brentanos sind drei Ausgaben der *Geschichte* erschienen, zwei unselbständige Journal-Drucke (1817 und 1835) und eine Einzelausgabe (1838), von der 1851 eine 2. Auflage herausgekommen ist.

D^1: Geschichte vom braven Kasperl und dem schönen Annerl. Von Clemens Brentano. In: Gaben der Milde. Zweites Bändchen. Mit Beiträgen von Goethe, Clemens Brentano, Büsching [u. a.]. Für die Bücher-Verloosung »zum Vortheil hülfloser Krieger« hrsg. von F. W. Gubitz. Berlin 1817. S. 7–81.

Der Erstdruck (D^1) der *Geschichte* ist als Beitrag Brentanos in einer insgesamt vier »Bändchen« umfassenden Sammelpublikation mit dem Reihen-Titel *Gaben der Milde* veröffentlicht worden. Die in einer beträchtlichen Auflage zu Wohltätigkeitszwecken gedruckten *Gaben der Milde* wurden nicht über den Buchhandel vertrieben, sondern im Zusammenhang mit einer – von dem Publizisten, Holzschneider und Professor der Berliner Kunstakademie Friedrich Wilhelm Gubitz (1786–1870) veranstalteten – Bücherverlosung zum Vorteil des »Vaterländischen Vereins« für invalide Krieger, die in den sogenannten Befreiungskriegen 1813–15 »hilflos« geworden waren.

Bei der Erstausgabe der *Geschichte* handelt es sich um einen autorisierten, d. h. von Brentano als gültig erklärten Druck.

52

Wenn es auch keine direkten, von Brentano stammenden Zeugnisse zur Entstehungs- und Druckgeschichte der Erzählung gibt, so ist doch davon auszugehen, daß der Autor, der von 1814 bis 1818 in Berlin lebte, das Manuskript seiner *Geschichte* dem Herausgeber Gubitz, den Brentano seit Anfang 1810 kannte,[1] persönlich übergeben hat und daß er dann den Druck seiner in Berlin gesetzten, gedruckten und ausgegebenen Erzählung von Kasperl und Annerl überwacht und damit den Erzähltext autorisiert hat. Jedenfalls dürfte der Erstdruck von 1817 jener Text sein, der dem Willen und der Intention Brentanos am nächsten kommt.

Was den Erstdruck von späteren Drucken – übrigens bereits von den ersten beiden Einzelausgaben (1838 und 1851) – am deutlichsten unterscheidet, ist der »charakteristische, sich an ein Regelsystem von Orthographie und Interpunktion nicht anpassende Erzählduktus«,[2] ist die »durch eine andersartige Interpunktion bewirkte Satzgliederung und Rhythmisierung der Sprache«, ist der »unmittelbare, die mündliche Erzählsituation verlebendigende Erzähl- und Satzduktus«,[3] der »natürliche Erzählfluß der Großmutter bzw. des Icherzählers sowohl in der Binnenerzählung als im Rahmengeschehen«, kurz: der »Charakter der Niederschrift des unmittelbar Gehörten und Mitgeteilten«,[4] der in den späteren Ausgaben durch Eingriffe der Herausgeber zumeist verlorengegangen ist.

D²: Geschichte vom braven Kasperl und dem schönen Annerl. Von Clemens Brentano. In: Jahrbuch des Nützlichen und Unterhaltenden. Hrsg. von F. W. Gubitz. Berlin / Königsberg in der Neumark: Vereins-Buchhandlung, 1835. S. 169–193. [Danach Holzschnitt mit der Schlußszene. Auf der 1. Seite findet sich die Fußnote: »Von dieser Geschichte mußte für den Volks-Kalender hier und da Einiges weggelassen werden.«]

Der Zweitdruck (D²) schließt sich im Druckbild und in der Schreibweise noch eng an die Erstausgabe an, deren Eigenheiten bis auf einige Abweichungen in der Interpunktion gewahrt bleiben. Die in der Fußnote zu Beginn des Textes vermerkten, im laufenden Text freilich nicht gekennzeichneten Kürzungen hat Gubitz, der Herausgeber des *Jahrbuchs*, zu verantworten. Er rechtfertigt die Weglassungen mit der Veröffentlichung der *Geschichte* in einem christlich-erbaulichen Zwecken dienenden »Volks-Kalender«. Von den Kürzungen sind im wesentlichen betroffen: 1. ein »Teil der Reflexionen des Icherzählers über die Problematik seiner Stellung als Schriftsteller; 2. die schicksalhaften Determinanten im Leben Annerls mitsamt den schaurigen Vorgängen bei der Begegnung mit dem Scharfrichter und bei der Hinrichtung des Jägers Jürge und 3. die Eheschließung des Herzogs mit der Gräfin sowie die Allegorisierung des fürstlichen Paars im Denkmal.«[5] So irrelevant diese Kürzungen für die primäre Textgeschichte sind, so wichtig waren sie für die Wirkungsgeschichte der Erzählung im 19. Jahrhundert. Denn es war wohl vor allem die gekürzte Volkskalender-Fassung von 1835, welche die »Wirkungsgeschichte der Novelle als Dorfgeschichte und erbauliche Erzählung für Volkskalender«[6] beeinflußt und bestimmt hat.

Nur von der gekürzten Fassung des Zweitdrucks aus ist übrigens auch die diesem Druck erstmals beigefügte graphische »Darstellung der Schluß-Szene« adäquat zu betrachten und zu verstehen, paßt doch der von Gubitz geschaffene Holzschnitt »weder ikonographisch noch stilistisch« zum autorisierten Text der Erstausgabe von 1817, sehr gut dagegen »zu Tendenz und Gehalt«[7] der gekürzten Fassung von 1835. Wie bei dieser der Satz weggelassen ist,[8] daß die Großmutter die »schreckliche Trennung« von Annerls Haupt und Rumpf »mit ihrer Schürze bedeckt« (S. 40,23 f.), so fehlt auch bei der Illustration dieses Detail, wie ja überhaupt bei der bildlichen Darstellung der Schlußszene jeder Fingerzeig auf Annerls Enthauptung mit dem Richtschwert vermieden ist: Statt des realistischerweise zu erwartenden Richtblocks sieht man zwei Galgen. »Auch sonst entspricht die Illustration nicht der von Brentano [im Erstdruck] beschriebenen Szene, sondern dem erbaulichen Charakter, den die Geschichte durch die Kürzungen erhalten hat. Die deutlich stilisierte Gruppe« am Hochgericht »ist ikonographisch an traditionelle Darstellungen der Beweinung Christi unterm Kreuz angelehnt. Das Erbauliche wird durch die Trauergebärden der Umstehenden, insbesondere auch der Kinder, unterstützt und damit die Wendung ins Christliche, mit der die Kalenderfassung endet, verstärkt.«[9]

D³: Geschichte vom braven Kasperl und dem schönen Annerl. Von Clemens Brentano. Mit Darstellung der Schluß-Scene. Berlin: Vereins-Buchhandlung, 1838. [Die Illustration findet sich gegenüber dem Titelblatt.]

Der dritte Druck (D³) ist die erste Einzelausgabe, die von der *Geschichte* erschienen ist. Sie ist jedoch keine »treue«, dem Erstdruck von 1817 konsequent folgende »Einzelausgabe«, wie Gubitz, der Herausgeber auch dieser Edition, in einem Brief an Emilie Brentano vom 4. Juni 1851 behauptete (vgl. S. 46), sondern eine durch erneute Eingriffe des Herausgebers gekennzeichnete Neuausgabe, die gegenüber D¹ und D² beträchtliche Änderungen und Abweichungen in Orthographie und Lautstand aufweist, z. B.: *Thür* statt *Thüre, selig* statt *seelig, Kameraden* statt *Kammeraden, Pathchen* statt *Patgen, gerade* statt *grade, siebzig* statt *siebenzig, ahnte* statt *ahnete.*[10] Anreden (wie *Du, Er, Sie*), die in den Drucken von 1817 und 1835 zumeist klein geschrieben waren, werden von nun an durchweg groß geschrieben. Abweichungen gegenüber dem Erst- und Zweitdruck sind auch in der Interpunktion zu konstatieren; sie »greifen in den Sprachduktus und die syntaktische Gliederung« zwar »stärker ein« als zuvor, aber die »Unmittelbarkeit des Erzählens«[11] bleibt doch noch halbwegs gewahrt.

Aus Gubitzens schon zitiertem Brief vom 4. Juni 1851 wissen wir, daß von der ersten Einzelausgabe von 1838 600 Exemplare gedruckt worden sind, die erst Anfang 1851, also nach 12 bis 13 Jahren, verkauft waren, was Gubitz nicht gerade für einen Verkaufserfolg hielt.

D^4: Geschichte vom braven Kasperl und dem schönen Annerl. Von Clemens Brentano. Mit Darstellung der Schluß-Scene. Zweite Auflage. Berlin: Vereins-Buchhandlung, 1851. [Illustration wie in D^3.]

Die zweite Einzelausgabe von 1851 (D^4) folgt dem Text von D^3. An neuen Änderungen kommen hinzu: Genitivformen werden mit apostrophiertem *s* versehen; verschliffene Endsilben werden zumeist aufgefüllt (*goldene* statt *goldne*, *offene* statt *offne*); nach Frage- und Ausrufezeichen wird das jeweils folgende Wort groß geschrieben. In diesem und dem folgenden Druck in Brentanos *Gesammelten Schriften*[12] setzt sich das normierte Schriftdeutsch immer stärker in der Druckgeschichte der *Geschichte vom braven Kasperl und dem schönen Annerl* durch.

Wie steht es nun mit der Authentizität der späteren Drucke, wie mit der Autorisation der vielen Abweichungen (Lesarten, Varianten), welche der zweite, dritte und vierte Druck untereinander und gegenüber der Erstausgabe aufweisen? Grundlage für die Beantwortung dieser Fragen ist der schon erwähnte Brief von Gubitz vom 4. Juni 1851, in dem dieser zu verlagsrechtlichen Anfragen Emilie Brentanos im Hinblick auf die geplante, 1852 erscheinende Ausgabe der *Gesammelten Schriften* Brentanos Stellung nimmt (Gubitz besaß ältere Verlagsrechte für eine Reihe von Prosawerken Brentanos). Gubitz betont in diesem Brief, daß er sich für Brentanos Prosabeiträge zum *Gesellschafter* und zu den *Gaben der Milde* den »etwaigen Weiterabdruck« vorbehalten und daß ihm Brentano im Beisein Achim von Arnims versichert habe: »daß mir ja die Manuscripte [dieser Beiträge] als Gegengeschenk überlassen wären, ich also in Bezug auf jeden Abdruck, den ich für rathsam hielte, freie Hand habe, ihm [Brentano] Einzel-Ausgaben überdem auch nur wünschenswerth seyn könnten.« Gubitz erwähnt sodann den gekürzten, »abermaligen Abdruck« der *Geschichte* in seinem »Volks-Kalender« (1835), worauf er »aber eine treue Einzelausgabe« habe folgen lassen, und zieht schließlich das Fazit:

»Dies Alles ist geschehen bei Lebzeiten des Dichters innerhalb der Jahre 1833 bis 1842, und niemals darüber weder von ihm noch andererseits irgend eine Beschwerde erhoben worden.« Aus Gubitzens Brief, der hier (S. 45 ff.) zum ersten Male vollständig abgedruckt ist, geht hervor, daß die späteren Ausgaben der *Geschichte* (D^2–D^4) von Gubitz veranstaltet und alle Eingriffe in den Text dieser drei Ausgaben von ihm vorgenommen worden sind, daß die editorischen ›Manipulationen‹ aber ohne Mitwirkung Brentanos, wenn auch wohl bis zu seinem Tod 1842 unter seiner stillschweigenden Duldung erfolgten. Mit der Bemerkung, Brentano habe ihm »in Bezug auf jeden Abdruck [. . .] freie Hand« gelassen, scheint Gubitz den Eindruck erwecken zu wollen, als sei er von Brentano zu all seinen Eingriffen gewissermaßen autorisiert gewesen. Dem ist jedoch entgegenzuhalten, daß die Lesarten der späteren Drucke, um die sich Brentano nicht mehr kümmerte, keinesfalls als autorisiert anzusehen, daß sie lediglich vom Editor stammende Varianten sind. Diese mögen druck- und wirkungsgeschichtlich von noch so großem Interesse sein, textkritisch-editorisch, d. h. für die Herstellung eines authentischen Textes, sind sie völlig belanglos. Der einzige von Brentano autorisierte Textzeuge ist der Erstdruck von 1817. Er allein kommt als Grundlage für die Erstellung eines gesicherten Textes in Betracht.

Zur Textgestalt

Das Druckbild eines in den ersten Jahrzehnten des 19. Jahrhunderts veröffentlichten Textes unterscheidet sich in vielem und oft gravierend von dem literarischer Werke aus den letzten Jahrzehnten des 20. Jahrhunderts. Die Unterschiede und Abweichungen betreffen keineswegs nur Äußerlichkeiten und Kleinigkeiten wie etwa die Orthographie (früheres *th* wird zu *t*, *ey* zu *ei* usw.) oder sich ändernde Setzer- bzw. Druckergewohnheiten. Oft weisen die Differenzen im Gegenteil auf bedeutsame Stil- und Ausdruckseigentümlichkeiten hin, die für eine ganze Epoche (die klassisch-romantische), für einen einzelnen Autor oder eine Gruppe von Autoren charakteristisch und aufschlußreich sind. Vieles von dem, was uns an historischen, aus früheren Literaturepochen stammenden Texten hinsichtlich ihrer Textgestalt auf den ersten Blick ungewöhnlich, ›falsch‹, regelwidrig, uneinheitlich vorkommen mag, ist vom Autor stilistisch intendiert, ist ein mit Absicht verwendetes Stilistikum, ist für Inhalt, Form, Aussage, Vortrag oder dramatische Realisierung und damit auch für die Analyse und Interpretation des betreffenden Textes durchaus von Belang.

Mit dem e i n e n Textzeugen als Textgrundlage entfallen Varianten, die ja immer nur mit einer Mehrzahl von Textzeugen gegeben sind. Bei den im folgenden zu verzeichnenden Abweichungen vom Text des Erstdrucks handelt es sich also lediglich um Vereinheitlichungen und Angleichungen der Orthographie an den heutigen Gebrauch. Bei diesen Eingriffen wurde jedoch größte Zurückhaltung geübt.

Nicht zulässig ist dagegen die Verbesserung sachlicher Versehen und Irrtümer des Autors, denn sie können für die Arbeitsweise und die Psychologie eines Schriftstellers charakteristisch und aufschlußreich sein. Die Korrektur solcher ›Fehlleistungen‹ gehört nicht in den Text, sondern in den Kommentar. So dürfen die widersprüchlichen Angaben der Großmutter, die einmal von »drei«, ein anderes Mal von »vier« Söhnen spricht, die im Dienst des Herzogs gestorben seien (vgl. S. 4,14; S. 9,22), nicht etwa zugunsten einer Zahl (welcher?) behoben und vereinheitlicht werden, sondern sie müssen als inhaltlicher Widerspruch im Text erhalten und erkennbar bleiben. Auch die falsche Zeitangabe des Scharfrichters Franz (vgl. S. 32,13 f.: »heut morgen«) darf in einem kritischen Text nicht in ›gestern morgen‹ korrigiert werden, wogegen in den Erläuterungen auf die irrtümliche Zeitangabe des Erstdrucks hinzuweisen und die richtige zeitliche Information (›gestern morgen‹) vom Text her zu begründen ist.[13]

In folgenden Fällen wurde stillschweigend und generell von der Orthographie des Erstdrucks abgewichen:

th wurde überall durch ein einfaches *t* ersetzt (also *Tür* statt *Thür*; nicht jedoch *Margret* statt *Margreth* – *th* ist hier auch heute noch möglich), der Diphthong *ey* durchgehend durch *ei* (*sei* statt *sey*). Der Gebrauch von *s*, *ss* und *ß* wurde nach heutigen Regeln normalisiert (z. B. *scheuslich, Schoos, aussen, deßwegen, Ereigniß, zerrißen*). *d* oder *dt* in Wörtern wie *Brod, Schwerd, todt* wurde zu *t* korrigiert. Heute nicht mehr übliche Dehnungsvokale – *Haab* (und Gut), *einigermaaßen, Kameel, Seegen, seelig, erwiederte, gieb, Schoos* – sind entfallen, ebenso Konsonantenverdopplungen – *Bäuerinn, Gräfinn, drinn, Kammeraden, Wittwe, schencken* – und Dehnungs-*h* (wie in *wiederhohlte*). Des weiteren waren Eingriffe geboten bei Schreibungen wie *Basgeige, Gallop, Uhlan* und *Strasburg* (korrigiert in *Straßburg*), frz. *ou* (in *où*) und *Voil* (in *Voile*). Der Lautstand bleibt jedoch stets gewahrt: Schreibweisen wie *Adjudant, Hülfe, kömmt, mannichfach, Patgen* bleiben erhalten.

Groß- und Kleinschreibung sind nach heutigem Gebrauch korrigiert bzw. vereinheitlicht, so besonders bei Pronomina, bestimmten und unbestimmten Numeralia, Temporaladverbien u. a., die der Erstdruck meist (aber keineswegs konsequent) groß schreibt (*Alle, Alles, vor Allem, Etwas, Jemand, Niemand, Einer, der Eine, der Andre, Beide, Jeder, Mancher, Jedermann, Jener, Morgen, heute Morgen, Ein Uhr, Adies, Not tun*). Groß dagegen erscheinen *der Jüngste Tag, das Jüngste Gericht* (im Erstdruck immer klein). Die veralteten Formen der Anrede in der 3. Person Singular (*er, sie, ihm, ihr*) und der 2. Person Plural (*ihr, euch*) wurden groß geschrieben, ebenso die im Erstdruck wechselnd groß und klein geschriebenen Anredepronomina *sie/Sie, ihnen/Ihnen*. Erhalten bleibt jedoch die klein geschriebene Anrede *du* in Kaspers Abschiedsbrief; einheitlich groß erscheint die Anrede an Gott, außer bei Fügungen wie *ach du lieber Heiland* und *Ach, du mein Gott*.

Sehr unterschiedlich verfährt der Erstdruck bei Zusammen- und Getrenntschreibung von Verbkomposita: *her komme* steht neben *herwehte*, *zu halten* neben *auf sich zustürzen*, *hinauf ging* neben *hinaufführte*, *vorüber eilte* neben *vorüberstürzte* u. a. m. Hier ist prinzipiell die originale Schreibweise beibehalten; eingegriffen wurde nur dort, wo die historische Schreibung das Verständnis erschweren würde, z. B. bei *mit gehen*, *mit zu nehmen*, *nach zu setzen*, *zusammen getroffen*, *vor zu bringen*, *zu halten*, *hin finden*, *nach zu setzen* oder bei Wendungen wie *neben her* – diese Ausdrücke wurden zusammengeschrieben. Nicht angetastet ist die konsequente Getrenntschreibung des Erstdrucks bei *irgend ein*, *mit einander*, *bei einander*, *zurück kehren*, *zurück kommen*, *zurück nehmen*, auch bei Fällen wie *zu Mute*, *zu Tage*, *los werden*, *Wie so* (als Frage), um mögliche sprachrhythmische Intentionen des Dichters nicht zu vernachlässigen.

Die Apostrophsetzung des Erstdrucks bei Apokope ist ebenfalls nicht konsequent. Die vorgenommene Vereinheitlichung betrifft hier die 1. Person Singular des Präsens und Präteritums Indikativ und Konjunktiv (*ich hab*, *ich hatt*, *ich hätt*) und den Imperativ (*komm*), außerdem Adjektive (*müd*) und Wörter wie *solch*, *welch*, *aufs*, *übers*, *ins*; in all diesen Fällen wurde im Neudruck kein Apostroph gesetzt. Durchgängig mit Apostroph erscheint der Konjunktiv als Aufforderung (*geh' Er*) und Substantive im Plural (*die Stein'*).

Zur Interpunktion: Die meisten und gravierendsten Eingriffe hat sich der autorisierte Text des Erstdrucks im Laufe der Druckgeschichte im Bereich der Interpunktion gefallen lassen müssen. Bei ihren normierenden, modernisierenden Eingriffen haben spätere Editoren allzu lange verkannt, daß die Interpunktion des Erstdrucks keineswegs so arbiträr, unsystematisch, ungeregelt, chaotisch und völlig individualistisch ist, wie sie auf den ersten Blick erscheinen mag, daß Brentano vielmehr ein bestimmtes, allerdings nicht starr festgelegtes Interpunktionsprinzip befolgte, nur eben ein anderes, älteres, als das heute gültige, in den letzten 150 Jahren allmählich zur Norm gewordene grammatische, syntaktische bzw. logische Interpunktionsprinzip.

Die ältere, von Brentano und vielen seiner Zeitgenossen (u. a. von Goethe, Kleist und Büchner) bevorzugte Zeichensetzung hat man als rhythmisch-akustische, als stilistische oder rhetorische Interpunktion, als Vortrags- und Pauseninterpunktion bezeichnet, weil sie – im Unterschied zur jüngeren grammatisch-syntaktischen Zeichensetzung, deren Bedeutung in der Kennzeichnung der syntaktischen Beziehungen eines Textes aufgeht, deren Funktion sich im Dienst an der Syntax erschöpft – eine deutlich erkennbare stilistische und rhetorische Funktion besitzt, weil sie der Markierung der Sinn- und Sprechpausen eines Textes dient, weil sie den sinngemäßen und wirksamen Vortrag eines schriftlichen Textes reguliert und garantiert durch rhetorische, an der gesprochenen Sprache orientierte Sprechpausengliederung.

Im Laufe der Editionsgeschichte ist die originale Zeichensetzung des Erstdrucks, die noch deutliche Spuren und Kennzeichen der älteren rhetorischen Vortragsinterpunktion aufweist, je länger je mehr durch die jüngere grammatisch-syntaktische Interpunktion verdrängt und schließlich fast völlig ersetzt worden. Aus der authentischen Autor-Interpunktion des Erstdrucks ist durch zahlreiche editorische Eingriffe eine nicht autorisierte Herausgeber-Interpunktion geworden. Um der Autorintention hinsichtlich der Zeichensetzung gerecht zu werden, gibt der hier präsentierte Text die im Erstdruck überlieferte Interpunktion originalgetreu wieder.

Zum Fehlen der Anführungszeichen: Der Erstdruck der *Geschichte* verzichtet völlig auf Anführungszeichen bei direkter Rede. Daß Brentano höchstwahrscheinlich auch in der handschriftlichen Druckvorlage der *Geschichte* darauf verzichtet hat, läßt sich aus den erhaltenen Manuskripten der Ur-Chronika, des Romanfragments *Der schiffbrüchige Galeerensklave vom toten Meer* und des Fragments einer Erzählung aus der Französischen Revolution (des sogenannten Raimondin-Fragments) schließen, in denen nur an einer einzigen Stelle[14] Anführungszeichen zu finden sind, wie ja auch in den Erstdrucken der anderen Erzählungen Brentanos (abgesehen von der 2. Fassung der *Chronika*) Anführungszeichen nur ausnahmsweise einmal auftauchen.[15]

Bei Brentanos Abstinenz gegenüber Anführungszeichen dürfte es sich um einen bewußten Verzicht auf die seinerzeit übliche Zeichensetzung handeln. Damit stellt sich abschließend die Frage: Was gewinnt der hier in seiner authentischen Gestalt gebotene Text der *Geschichte* durch das Fehlen der Anführungszeichen? Worauf mit den Worten Sembdners zum äußerst sparsamen Gebrauch der Anführungszeichen in Kleists Erzählungen zu antworten ist: Durch den Verzicht auf die »lästigen und den epischen Fluß, aber auch das Satzbild störenden« Anführungszeichen bleibt »der erzählerische Strom erhalten«, gewinnt die Erzählung beim lauten und leisen Lesen »einen besonderen Reiz«,[16] geht – nach Kluge – »der Charakter der Niederschrift des unmittelbar Gehörten und Mitgeteilten«[17] nicht verloren.

Über die angeführten Eingriffe in die Orthographie hinaus waren einige wenige offensichtliche Druckfehler zu korrigieren, die im folgenden verzeichnet sind:

5,9 das] daß   5,10 das] daß   6,29 Daß] Das   9,9 daß] das
15,26 Reise] Neise   21,21 patrouillieren] patroulliren
23,3 f. immer, meine Ehre, meine Pflicht!] immer! meine Ehre, meine Pflicht,   32,25 das] daß   36,32 aus.] aus,
37,1 Herrn] Herrn,   41,4 Se.] Sr.   41,24 herunter,] herunter

Anmerkungen

1 Vgl. *Brentano-Chronik. Daten zu Leben und Werk*, zsgest. von Konrad Feilchenfeldt, München/Wien 1978, S. 76.
2 Clemens Brentano, *Samtliche Werke und Briefe. Historisch-kritische Ausgabe (Frankfurter Brentano-Ausgabe)*, Bd. 19: *Erzählungen*, hrsg. von Gerhard Kluge, Stuttgart [u. a.] 1987, S. 809. – Zit. als: FBA 19.
3 Gerhard Kluge, *Clemens Brentano. Geschichte vom braven Kasperl und dem schönen Annerl. Text, Materialien, Kommentar*, München/Wien 1979, S. 43 f.

 4 Ebd., S. 47.
 5 Kluge, in: FBA 19, S. 809.
 6 Ebd., S. 810.
 7 Ebd.
 8 Vgl. ebd.
 9 Kluge (Anm. 3) S. 165.
10 Vgl. ebd., S. 46, 49 f.
11 Ebd., S. 47.
12 Clemens Brentano, *Gesammelte Schriften*, Frankfurt a. M. 1852, Bd. 4, S. 169–210. – Zu dieser Ausgabe vgl. Kluge (Anm. 3) S. 47–49.
13 Vgl meine Anmerkung zu S. 32,13 f. im Band *Erläuterungen und Dokumente: Clemens Brentano, »Geschichte vom braven Kasperl und dem schönen Annerl«*, Stuttgart 1990.
14 Vgl. FBA 19, S. 371,11 f. – Der kurze, in Anführungszeichen gesetzte Satz ist ein bedeutungs- und folgenschwerer Ausspruch der Mutter des armen Raimondin, der – wie die Anführungszeichen signalisieren – beim Vorlesen durch Modifizierung der Stimme deutlich hervorzuheben wäre.
15 Vgl. FBA 19, S. 316, 318 f., 350, 353, 391 f.
16 Helmut Sembdner, »Kleists Interpunktion«, in: H. S., *In Sachen Kleist. Beiträge zur Forschung*, München 1974, S. 149–171, hier S. 160.
17 Kluge (Anm. 3) S. 47.

Inhalt

Heimat

- Heimatland
- Heimatort

(- heimisch ; Heimfahrt ; Heimkehr ;
  Heimlichkeit ; Heimweh ; Heimweg)